PREFAZIONE

L'idea di completare questo lavoro sulla fanteria imperiale, non poteva prescindere dalla compilazione delle storie reggimentali e le relative filiazioni avvenute nelle diverse unità, esaminate nell'arco degli anni nei quali agì il grande capitano italiano. Non potevano altresì mancare i rimandi uniformologici, solo in parte già noti e che durante la ricerca si fecero sempre più dettagliati, fino ad aprire un"ampio spiraglio sulla conoscenza delle prime uniformi dell'esercito di Casa d'Austria. E' infatti noto come i maggiori contributi sull'esercito imperiale – e mi riferisco al *Die Österreichische Armee di Teuber-Ottenfeld e Die En-twicklung der Adjustierung, Rüstung und Bewaffnung der österreichische-ungarischen Armee di Karger* – iniziano la loro trattazione solo dal 1700. Spero che la fatica spesa nel raccogliere queste informazioni – così come la problematica impaginatura delle stesse – possa rivelarsi utile agli appassionati di storia militare e di uniformologia.

Bruno Mugnai

J. A. Pfeffel S. C. M. Sculps. et A. V.

INDICE - CONTENTS:

Oesterreich-Ungarn.

STORIE REGGIMENTALI E NOTE SULLE UNIFORMI

DEUTSCH REGIMENTER ZU FUSS (REGG. DI FANTERIA TEDESCA)

▼ **Granatiere di un reggimento tedesco** dei primi anni del 1700, in un disegno di Rainer Wilke degli anni Cinquanta del '900 per la rivista Die Neue Mölker-bastei. Il disegnatore austriaco fu fra i primi a ricostruire in maniera accurata le uniformi e l'equipaggiamento dei soldati imperiali della fine del Seicento e l'inizio del Settecento.

Grenadier of a Deutsch regiment 1700 about.

L'elenco è stato compilato sull'anzianità dei reggimenti o dei battaglioni. Dopo il numero del reggimento appare l'anno di formazione dell'unità; nelle parentesi è invece riportato il numero di identificazione che questa aveva nel 1918, o altra sorte anteriore allo scioglimento dell'esercito Austro-Ungarico. In grassetto il nome comune con il quale il reggimento era identificato negli ordini di battaglia.

Legenda e Abbreviazioni: *Obrist Inhaber*: colonnello proprietario del reggimento. Bat. *Bataillon* (battaglione); Komp. *Kompanie* (compagnia); Bs. *Bistum* (Vescovo); Epr. *Erbprinz* (principe ereditario); Frh. *Freiherrn* (barone); Fst. *Fürst* (principe); Gr. *Graf* (conte); Hzg. *Herzog* (duca); Mgr. *Markgraf* (margravio); n.d.: non documentato. Legenda uniformi: gallone tr.: gallone del tricorno; *Rock*: abito/giustacorpo; *Kamisol*: veste.

1) 1629 (I.R. II) Inhaber: dal 1684 Philipp Emmerich Gr.von **Metternich**-Winneburg; dal 1698 Heinrich Tobias Frh. Von **Hasslingen**; dal 1717 Heinrich Wilhelm Gr. von Wilczek

Uniforme1689: Gemeiner, tabella seguente: Offizier.Note: Gemeiner, al Kamisol bottoni in pelle nat.

Gallone T.	Rock	Paramani	Fodera	Kamisol	Brache	Calze	Cravatta	Bottoni
Bianco	Grigio p.	Scarlatto	Scarlatto	Pelle n.	Pelle n.	Scarlatto	Scarlatto	Stagno
Bianco	Scarlatto	Scarlatto	Scarlatto	Scarlatto	Scarlatto	Bianco	Bianco	Argento

Uniforme nel 1700: Gemeiner,

Gallone T.	Rock	Paramani	Fodera	Kamisol	Brache	Calze	Cravatta	Bottoni
Bianco	Grigio p.	Scarlatto	Scarlatto	Scarlatto	Scarlatto	Bianco	Bianco	Stagno

Uniforme 1716: Gemeiner. Note: per i Gemeiner bottoni di tessuto rosso al Kamisol.

Gallone T.	Rock	Paramani	Fodera	Kamisol	Brache	Calze	Cravatta	Bottoni
Bianco	Bianco	Scarlatto	Scarlatto	Scarlatto	Pelle n.	Scarlatto	Scarlatto	Bianco

Storia reggimentale:

Il più antico dei reggimenti imperiali, formato nella primavera del 1629 dal duca di Wallenstein, reclutava in Franconia, principalmente nella città di Norimberga e poi anche in Slesia. Dal 1683 è in Ungheria; due battaglioni combattono a Zenta (1697), mentre il terzo è di presidio in Slesia. Dal 1701 è di presidio a Glogau; nel 1704 partecipa alla difesa del Tirolo occidentale. Un Bat. marcia nel 1705 alla volta dell'Ungheria, raggiunto da un secondo l'anno seguente. Si segnala agli assedi di Bickov e Neuttra (1708). riformato su quattro battaglioni a Glogau nell'autunno. Nel 1709 è di nuovo in Ungheria; un Bat. e la compagnia granatieri si segnalano all'assedio di Eger (1711). Nel 1712 un singolo Bat. è inviato nelle Fiandre; si segnala all'assedio di Le Quesnoy. Nel 1714 rientra al completo in Slesia, poi nel 1716 un battaglione è assegnato all'armata del Banato.

2) 1629 (I.R. 50) Inhaber: dal 1691 Leopold Gr. von **Herberstein**

Uniforme nel 1691: *Gemeiner* Note: al *Kamisol* bottoni in pelle nat.

Gallone Tri.	Rock	Paramani	Fodera	Kamisol	Brache	Calze	Cravatta	Bottoni
Bianco	Grigio perla	Grigio perla	N.D.	Pelle naturale	Pelle naturale	Scarlatto	Bianco	Ottone

Uniforme nel 1716: *Gemeiner*

Gallone Tri.	Rock	Paramani	Fodera	Kamisol	Brache	Calze	Cravatta	Bottoni
Bianco	Grigio p	Vermiglio	Grigio perla	Vermiglio	Grigio perla	Grigio perla	Scarlatto	Ottone

Storia reggimentale:

Reclutava in Boemia. Dal 1683 in Ungheria; partecipa alla difesa di Peterwardein (1694) e alla battaglia di Zenta (1697). Nel 1701 assegnato all'armata d'Italia. Si segnala a Chiari (1701) e Luzzara (1702). Occupazione di Comacchio e scontri con le truppe del Papa (1708). Un battaglione di presidio nel Ferrarese fino al 1709, poi al completo in Lombardia dal 1710. Nel 1714 nei Paesi Bassi austriaci. Nel 1717 raggiunge l''armata del Banato.

3) 1630 (I.R. 13) Inhaber: dal 1688 Guidobald Gr. von **Stahremberg**

Uniforme nel 1690: *Gemeiner.* note: al *Kamisol* bottoni in pelle naturale.

Gallone Tri.	Rock	Paramani	Fodera	Kamisol	Brache	Calze	Cravatta	Bottoni
Bianco	Grigio p.	Blu scuro	Blu scuro	Pelle nat.	Pelle nat.	Grigio perla	Scarlatto	Ottone

Uniforme nel 1710: *Gemeiner. Spielleute*, come *Gemeiner*, ma *Rock* blu-azzurro, *Kamisol*, paramani e fodera grigio perla; calze scarlatto.

Gallone Tri.	Rock	Paramani	Fodera	Kamisol	Brache	Calze	Cravatta	Bottoni
Bianco	Grigio p.	Azzurro	Azzurro	Azzurro	Azzurro	Bianco	Scarlatto	Ottone

Uniforme nel 1716: *Gemeiner.* Note: *Gemeiner*, ai paramani tre bottoniere bianche.

Gallone Tri.	Rock	Paramani	Fodera	Kamisol	Brache	Calze	Cravatta	Bottoni
Bianco	Grigio p.	Blu medio	Blu medio	Blu medio	Blu medio	Grigio perla	Scarlatto	Ottone

Storia reggimentale:

Reclutava in Stiria e Carinzia. Dal 1683 in Ungheria. Combatte a Olaschin (1696) e Zenta (1697). Nel 1701 assegnato all'armata d'Italia. Un distaccamento partecipa all'azione a sorpresa di Cremona (1702). Forti perdite a Luzzara, fra cui nove ufficiali. Combatte a Castelnuovo sul Bormida (1703). Partecipa alla difesa della Verrua (1704) distinguendosi negli scontri di Crescentino. Menzionato per l''ottimo comportamento a Cassano (1705) e Torino (1706). Nel 1709 inviato in Catalogna; partecipa ai maggiori scontri fino al 1713. Campagna nel Banato (1716-17); poi nel 1718 due Bat. raggiungono il corpo imperiale in Calabria per la campagna in Sicilia contro gli Spagnoli.

4) 1642 (I.R. 8) Inhaber: dal 1691 Leonard Alexander Frh. von **Lapaczeck**; dal 1700 Nikolaus Gr.von **Palffy**-Erdšdy

Uniforme nel 1689: *Gemeiner* , tabelle seguente: *Offizier.*

Gallone Tri.	Rock	Paramani	Fodera	Kamisol	Brache	Calze	Cravatta	Bottoni
Bianco	Grigio p.	Grigio perla	N.d.	Grigio perla	Pelle naturale	Grigio perla	Scarlatto	Ottone
Blu scuro	Blu scuro	Blu scuro	N.d.	Blu scuro	Blu scuro	Bianco	Bianco	Ottone

Uniforme nel 1700: Gemeiner. note:Gemeiner, al tricorno fiocco nero con bottone di peltro. Uniforme nel 1716: Gemeiner

Gallone Tri.	Rock	Paramani	Fodera	Kamisol	Brache	Calze	Cravatta	Bottoni
Bianco	Grigio p.	Azzurro	Azzurro	Azzurro	Azzurro	Grigio perla	Scarlatto	Ottone

Uniforme nel 1716: *Gemeiner.*

Gallone Tri.	Rock	Paramani	Fodera	Kamisol	Brache	Calze	Cravatta	Bottoni
-	Bianco	Grigio p.	Azzurro	Azzurro	Bianco	Bianco	Scarlatto	Ottone

Storia reggimentale:

Reclutava nel Circolo Elettorale Renano. Dal 1683 in Ungheria; combatte a Peterwardein (1694) e Zenta (1697). In Transilvania fino al 1703, poi in Ungheria settentrionale. Si segnala a Hermanstadt e a Pata (1704). Combatte a Trentschin, all'assedio di Neuhausel (1711). Dal 1716 con l'armata del Banato.

5) 1656 (Disciolto nel 1748) Inhaber: dal 1691 Wilhelm Johann Anton Gr.von **Daun (Alt-Daun);** dal 1706 Wenzel Hroznata Gr. von **Guttenstein;** dal 1716 Johann Damian Frh.von **Sickingen**

Uniforme nel 1689: *Gemeiner.* note: calze a righe verticali bianche e rosse.

Gallone Tri.	*Rock*	Paramani	Fodera	*Kamisol*	Brache	Calze	Cravatta	Bottoni
Bianco	Grigio p.	Grigio per.	Grigio per.	Pelle naturale	Scarlatto	Bianco rosa	scralatto	Ottone

Uniforme nel 1710: *GemeinerSpielleute*: come *Gemeiner* ma *Rock* scarlatto, fodera e paramani grigio perla, gallone alle maniche e ai paramani giallo, bottoni ottone.

Gallone Tri.	*Rock*	Paramani	Fodera	*Kamisol*	Brache	Calze	Cravatta	Bottoni
Bianco	Grigio p.	Scarlatto	Scarlatto	Scarlatto	Scarlatto	Scarlatto	Bianco	Stagno

Uniforme nel 1716: *Gemeiner*

Gallone Tri.	*Rock*	Paramani	Fodera	*Kamisol*	Brache	Calze	Cravatta	Bottoni
Bianco	Grigio p.	Scarlatto	Scarlatto	Scarlatto	Scarlatto	Scarlatto	Scarlatto	Stagno

Storia reggimentale:

Reclutava in Boemia e Moravia. Di presidio a Praga fino al 1703. Un anno dopo il quarto battaglione appena formato è inviato in Lombardia, poi nella Breisgau dal 1704. Con reclute dei disciolti reggimenti bavaresi da origine al reggimento De Wendt (n¡ 42). Di presidio a Praga fino al 1708. Un Bat. è inviato in Baviera, mentre in Boemia viene ricostituito il quarto Bat. Nel maggio del 1711 il Bat. in Baviera e assegnato all'armata del Reno; nel 1713 combatte alla difesa di Landau. Nel 1716 un Bat. e la *Gre.* Komp. sono assegnate all'armata del Banato.

6) 1661 (I.R. 54) Inhaber: Ernst Rudiger Gr. von Stahremberg (**Alt- Stahrem-berg**); dal 1701 Johann Georg Friedrich Frh. von **Kriechbaum;** dal 1710 Bertrand Frh. von **Wacthtendonck**

Uniforme nel 1690: *Gemeiner.*

Gallone Tri.	*Rock*	Paramani	Fodera	*Kamisol*	Brache	Calze	Cravatta	Bottoni
Bianco	Grigio p.	Blu scuro	Blu scuro	Pelle nat.	Pelle nat.	Grigio perla	Scarlatto	Ottone

Uniforme nel 1706: *Gemeiner*

Gallone Tri.	*Rock*	Paramani	Fodera	*Kamisol*	Brache	Calze	Cravatta	Bottoni
Bianco	Grigio p.	Carminio	N.d.	Grigio perla	N.d.	Grigio perla	Scarlatto	Ottone

Uniforme nel 1716: *Gemeiner*

Gallone Tri.	*Rock*	Paramani	Fodera	*Kamisol*	Brache	Calze	Cravatta	Bottoni
Bianco	Grigio p.	Carminio	Grigio perla	Grigio perla	Grigio perla	Bianco	Scarlatto	Ottone

Storia reggimentale:

Il reggimento del celebre 'Gross Stahremberg', l'energico comandante di Vienna durante l'assedio del 1683. Si segnala a Szlankamen (1691). Dal 1701 con l'armata d'Italia; forti perdite a Luzzara (1702). I granatieri si distinguono nello scontro di Trino Vercellese; un distaccamento partecipa alla difesa di Ivrea sotto il proprio Inhaber e con questi resta prigioniero alla resa della città (1704). Si distingue alla battaglia di Torino (1706). L'anno seguente partecipa alla campagna in Provenza e all'assedio di Tolone, poi agli assedi di Susa e Fort Catinat; un battaglione combatte a Exilles. Assedi di Perosa e Fenestrelle (1708). Di presidio in Piemonte fino al 1713, poi nei Paesi Bassi austriaci.

7) 1662 (I.R. 24) Inhaber: dal 1675: Heinrich Franz Fst.von **Mansfeld**-Fondi; dal 1702 Jakob Ernst Frh.von Chalons (**Ghelen**); dal 1703 **Maximilian** Adam gr. von **Stahremberg**

Uniforme nel 1691: *Gemeiner*

Gallone Tri.	*Rock*	Paramani	Fodera	*Kamisol*	Brache	Calze	Cravatta	Bottoni
Bianco	Grigio p.	Blu scuro	N.d.	Pelle nat.	Pelle nat.	Grigio perla	Scarlatto	Ottone

Uniforme nel 1710: *Gemeiner*

Gallone Tri.	*Rock*	Paramani	Fodera	*Kamisol*	Brache	Calze	Cravatta	Bottoni
Bianco	Grigio p.	Blu Francia	Blu Francia	Blu Francia	Blu Francia	Grigio perla	Scarlatto	Ottone

Uniforme nel 1716: *Gemeiner* note: *Gemeiner*, al *Rock* paramani a risvolto di stivale

Gallone Tri.	*Rock*	Paramani	Fodera	*Kamisol*	Brache	Calze	Cravatta	Bottoni
Bianco	Grigio p.	Blu scuro	N.d.	Pelle nat.	Pelle nat.	Bianco	Scarlatto	Ottone

Storia reggimentale:

Reclutava a Darmstadt, Mainz e nel Circolo Elettorale Renano. Dal 1683 è in Ungheria. Nel marzo del 1692, dal 26 marzo al 9 maggio, 300 moschettieri al comando di un ufficiale (Hpt D'Arnau), difendono un ridotto nei pressi della collina di Piscabara dagli assalti turchi. L'anno seguente due Bat. combattono con distinzione a Sradiska. E' presente a Zenta (1697). Nella guerra contro la Francia partecipa alle campagne nell'Italia settentrionale; combatte a Chiari (1701), dove cattura 4 drappi al nemico, e a Luzzara (1702), dove perde tredici ufficiali. Nella primavera del 1703 un Bat. parte alla volta dell'Ungheria per contrastare la ribellione. I battaglioni in Italia combattono ancora alla difesa di Verrua e di Crescentino (1704), a Cassano (1705) e a Torino (1706). Fino al 1714 rimane di presidio a Milano; poi in Ungheria dove partecipa alle campagne del 1716 e 1717.

8) 1672 (Disciolto nel 1809) Inhaber: dal 1676 Ludwig Wilhelm Mgr. von Baden-**Baden**; dal 1700 Ludwig Wilhelm II Mgr. von Baden-**Baden**

Uniforme nel 1707: *Gemeiner*. A seguire *Offizier*.

Gallone Tri.	*Rock*	Paramani	Fodera	*Kamisol*	Brache	Calze	Cravatta	Bottoni
-	Blu scuro	Bianco	Bianco	Bianco	Bianco	Bianco	Bianco	Stagno
Bianco	Scarlatto	Scarlatto	Scarlatto	Scarlatto	Bianco	Bianco	Bianco	Argento

Uniforme nel 1710: *Gemeiner*. A seguire *Offizier*

Gallone Tri.	*Rock*	Paramani	Fodera	*Kamisol*	Brache	Calze	Cravatta	Bottoni
Bianco	Grigio p.	Azzurro	Azzurro	Azzurro	Azzurro	Grigio perla	Scarlatto	Stagno
Bianco	Scarlatto	Scarlatto	Scarlatto	Scarlatto	Bianco	Bianco	Bianco	Argento

Uniforme nel 1714: *Gemeiner*

Gallone Tri.	*Rock*	Paramani	Fodera	*Kamisol*	Brache	Calze	Cravatta	Bottoni
Bianco	Grigio p.	Azzurro	Azzurro	Azzurro	Azzurro	Grigio perla	Scarlatto	Stagno

Storia reggimentale:

Reclutava in Svevia, poi anche in Moravia. In Ungheria dal 1690; combatte a Zenta (1697). Dal 1701 all'armata del Reno; assedio di Landau e battaglia di Friedlingen (1702); Donauworth e assedio di Landau (1704). Nella primavera del 1708 due battaglioni con la compagnia granatieri sono assegnati all'armata della Mosella nelle Fiandre. Combatte a Oudenaarde (1708) e a Malplaquet (1709); si segnala agli assedi di Mons (1709) e di Bethune (1710). Combatte a Denain (1712) con un terzo Bat. giunto nelle Fiandre all'inizio dell'anno, mentre un quarto è sul 'postamento inferiore' del Reno. L'anno seguente è di presidio al completo sul basso corso del Reno, poi di guarnigione a Bruxelles.

9) 1672 (I.R.25) Inhaber: dal 1691 Franz Christoph Frh.von **Amenzaga;** dal 1693 Scipione Gr. von **Bagni**
Uniforme nel 1685: *Gemeiner.* note: calze a righe verticali bianche e azzurre.

Gallone Tri.	Rock	Paramani	Fodera	Kamisol	Brache	Calze	Cravatta	Bottoni
Bianco	Grigio p.	Grigio perla	Grigio perla	Grigio perla	Grigio perla	Bianzo-azz.	Blu scuro	Stagno

Uniforme nel 1710: *Gemeiner.*

Gallone Tri.	Rock	Paramani	Fodera	Kamisol	Brache	Calze	Cravatta	Bottoni
Bianco	Grigio p.	Grigio p.	Grigio p.	Grigio p.	Grigio p.	Azzurro	Scarlatto	Grigio Perla

Uniforme nel 1716: *Gemeiner.* note: nel 1710 e nel 1716 *Kamisol* con bottoni ottone

Gallone Tri.	Rock	Paramani	Fodera	Kamisol	Brache	Calze	Cravatta	Bottoni
Bianco	Grigio p.	Grigio p.	Grigio p.	Grigio p.	Grigio p.	Bianco azz.	Blu scuro	Stagno

Storia reggimentale:

Reclutava in Westfalia e in Sassonia. Dal 1686 in Ungheria poi un Bat. è inviato sul Reno nel 1689. Riunito nel 1691 combatte a Szlankamen. Due Bat. combattono a Zenta (1697). Dal 1701 è assegnato all'armata d'Italia. Un Bat. partecipa all'azione di Cremona (1702), dove un suo ufficiale (lo *Hauptmann* Mac Donnel) cattura il maresciallo francese Villeroy. Combatte a Luzzara dove perde 17 ufficiali. Nel 1703 un Bat. è in Ungheria; combattimenti a Levenz e scontro presso Gyarmath sulla Raab (1704). I tre battaglioni in Italia combattono a Cassano, Salò (1705) e Torino (1706). Assedio di Tolone e di Susa (1707); combattimento di Conflans (1709). Nel novembre del 1711 è in Catalogna, dove rimane fino al 1714. Campagna nel Banato, si segnala all'assalto della Grande Palanca di Temesvar (1716); l'anno seguente combatte a Belgrado.

10) 1674 (I.R.17) Inhaber:dal 1675 Friedrich Frh.von **Stadel;** dal 1694 Karl Egon Gr. von **Fürstemberg** Mösskirch; dal 1702 Karl Emmanuel Fst.von **Longueval** e Gr.von Bucquoy; dal 1702 Karl Alexander Epr. von Württemberg (**Alt-Württemberg**)

▼ **Il principe Eugenio alla testa dell'"armata d'Italia,** mentre valica le alpi nella primavera del 1701. Anzichè discendere il Tirolo e la valle dell'Adige per penetrare nella Pianura Padana, Eugenio scelse di valicare i passi alpini ed entrare nel Veronese, violando la neutralità veneziana, ma aggirando a questo modo l'armata dei franco-spagnoli che gli sbarrava il passo. Incisione da *"Le Théâtre de la Guerre en Italie"* 1720.
The prince Eugene to the head of the Imperial Army of Italy, while crossing the alps mountains in the 1701 spring.

Uniforme nel 1680: *Gemeiner.*

Gallone Tri.	Rock	Paramani	Fodera	Kamisol	Brache	Calze	Cravatta	Bottoni
Bianco	Grigio p.	Carminio	Carminio	Pelle nat.	Pelle nat.	Grigio perla	Scarlatto	Stagno

Uniforme del 1702: *Gemeiner*

Gallone Tri.	Rock	Paramani	Fodera	Kamisol	Brache	Calze	Cravatta	Bottoni
Bianco	Grigio p.	Carminio	Grigio per.	Carminio	Grigio perla	Grigio perla	Scarlatto	Stagno

Feldwebel.

Gallone Tri.	Rock	Paramani	Fodera	Kamisol	Brache	Calze	Cravatta	Bottoni
Bianco	Carminio	Carminio	Carminio	Carminio	Carminio	Grigio perla	Bianco	Stagno

Uniforme del 1716 *Gemeiner*. Note: gallone bianco al tricorno solo per *Gefreiter Musketier, Korporal, Primaplana* e *Spilleuten*; per gli ufficiali gallone argento. *Rock* del *Feldwebel, Fourierschutzen* e *Spielleute* rosso carminio con gallone bianco ai paramani.

Gallone Tri.	Rock	Paramani	Fodera	Kamisol	Brache	Calze	Cravatta	Bottoni
-	Bianco	Carminio	Carminio	Carminio	Bianco	Bianco	Scarlatto	Bianco

▲ **Due Spielleute (musicanti) di fanteria.** A sinistra i piffero del reggimento Deutschmeister (nr. 4) a destra un tamburino del reggimento Nigrelli (nr. 27).
Two Spielleutes (musician) of infantry. To the left the pipe of the regiment Deutschmeister (nr. 4). To the right a drummer of the regiment Nigrelli (nr. 27).

Storia reggimentale:

Reclutava ad Augsburg e nel vescovato di Würzburg. Dal 1689 con l'armata del Reno. Nel 1691 è inviato in Piemonte, dove partecipa all'assedio di Carmagnola. Nel 1695 ritorna sul Reno rimanendovi fino alla conclusione delle ostilità. Nel 1701 è ancora assegnato all'armata del Reno. Partecipa all'assedio di Landau (1701); subisce forti perdite a Friedlingen (1702), fra cui il proprio *Obrist-Inhaber*. Nel 1703 un distaccamento partecipa alla difesa del Tirolo. Un ufficiale (Hpt Coppenhagen) guida un piccolo gruppo di soldati e popolani all'assalto del castello di Ehrenberg, riuscendo a espugnarlo. Tre battaglioni combattono alla prima Höchstädt (1703). Nel 1704 partecipa al secondo assedio di Landau. L'anno seguente è inviato all'armata d'Italia. Un distaccamento partecipa agli assedi di Fenestrelle, Exilles e Perosa (1708). Di presidio in Piemonte fino al 1711, nel castello di Milano. Campagna del Banato, all'assedio di Temesvar i granatieri fanno parte delle cinque Komp. della testa di colonna all'attacco della grande Palanka (1716).

11) 1674 (I.R.42) Inhaber dal 1683: Johann Karl Gr. von **Thüngen;** dal 1694 Leopold Frh. von **Tharomat;** dal 1695 Wenzel Hroznata Gr. von **Guttenstein;** dal 1706 Johann Adam Frh. von **Wetzel**

Uniforme nel 1702: *Gemeiner.*

Gallone Tri.	Rock	Paramani	Fodera	Kamisol	Brache	Calze	Cravatta	Bottoni
Bianco	Blu scuro	Blu scuro	Blu scuro	Pelle nat.	Pelle nat.	Grigio perla	Scarlatto	Stragno

Uniforme nel 1707 *Gemeiner*

Gallone Tri.	Rock	Paramani	Fodera	Kamisol	Brache	Calze	Cravatta	Bottoni
bainco	Blu scuro	Grigio perla	Grigio perla	Grigio perla	Grigio perla	Bianco	Bianco	Stagno

Uniforme nel 1711 *Gemeiner*

Gallone Tri.	*Rock*	Paramani	Fodera	*Kamisol*	Brache	Calze	Cravatta	Bottoni
-	Grigio perla	Grigio perla	Grigio perla	Blu scuro	Blu scuro	Grigio perla	Scarlatto	Stagno

Uniforme nel 1716 *Gemeiner*

Gallone Tri.	*Rock*	Paramani	Fodera	*Kamisol*	Brache	Calze	Cravatta	Bottoni
-	Bianco	Bianco	Bianco	Blu Francia	Blu Francia	Bianco	Scarlatto	Ottone

Spielleute a seguire *Primaplana*.

Gallone Tri.	*Rock*	Paramani	Fodera	*Kamisol*	Brache	Calze	Cravatta	Bottoni
-	Blu scuro	Carminio	Blu scuro	Carminio	Carminio	Bianco	Bianco	Ottone
-	Blu scuro	Bianco	Bianco	Bianco	Bianco	Bianco	Scarlatto	Ottone

note:gallone bianco al tricorno bianco per Feldwebel e Ob/Feldwebel; *Spielleute* con doppio gallone di lana giallo dorato al *Rock*; Fourierschütz come sopra, ma con gallone singolo. Al *Rock* del *Gemeiner* 14 bottoni, *Feldwebel* 28 bottoni.

Storia reggimentale:

Reclutava nell'Austria anteriore. Dal 1690 un Bat. è sul Reno, gli altrui due in Ungheria. Nel 1695 viene riunito sulla Theiss e partecipa allo scontro di Olaschin (1696). Nel 1701 è assegnato all'armata d'Italia. Combatte a Chiari, dove uno dei Bat. si distingue catturando tre drappi e all'assedio di Caneto nel mantovano (1701). L'anno successivo combatte a Luzzara. Alcuni distaccamenti si trovano nel 1703 in Tirolo settentrionale, sotto il comando del proprio Inhaber. Nella primavera del 1704 parte al completo per raggiungere le guarnigioni nel Tirolo. Col corpo di occupazione in Baviera. Nel gennaio del 1705 è aggregato di nuovo all'armata d'Italia. Partecipa alla campagna nell'Italia meridionale, distinguendosi all'assedio di Gaeta (1707). Di presidio nel Napoletano fino al 1715 Nel 1716 partecipa alla campagna del Banato.

12) 1682 (I.R. 18) Inhaber: Leopold Joseph Hz.von **Lothringen;** dal 1698 Joseph Innozent Hz.von **Lothringen;** dal 1705 Johann Adam Frh.von **Wetzel;** dal 1706 Franz Julius Frh.von **Hoffmann** (morto prima di assumere il comando); Franz Xaver von Sonneberg Gr.von **Heindl;** dal 1714:Johann Damian Frh. von **Sickingen;** dal 1716 : Johann Hermann Franz Gr.von **Nesserlode;**

Uniforme nel 1691: *Gemeiner*

Gallone Tri.	*Rock*	Paramani	Fodera	*Kamisol*	Brache	Calze	Cravatta	Bottoni
Bianco	Grigio perla	Grigio perla	Grigio perla	Grigio perla	Grigio perla	Grigio perla	Scarlatto	Stagno

Uniforme nel 1706 : *Gemeiner*. note: *Offizier* come *Gemeiner* ma bottoni in metallo dorato.

Gallone Tri.	*Rock*	Paramani	Fodera	*Kamisol*	Brache	Calze	Cravatta	Bottoni
Bianco	Bianco	Bianco	Bianco	Bianco	Bianco	Scarlatto	Scarlatto	Stagno

Uniforme nel 1716 : *Gemeiner*

Gallone Tri.	*Rock*	Paramani	Fodera	*Kamisol*	Brache	Calze	Cravatta	Bottoni
Bianco	Bianco	Bianco	Bianco	Bianco	Bianco	Scarlatto	Scarlatto	Bianco

Storia reggimentale:

Dal 1689 si trovava sul Reno; l'anno seguente è in Piemonte. Combatte a Carmagnola (1693) e all'assedio di Pinerolo (1695). Nel 1697 è di nuovo sull'alto corso del Reno. Nel 1701 é destinato all'armata d'Italia; combatte a Chiari (1701) e a Cremona (1702) con 400 Moschettieri e la Gran. Komp. Occupazione del Mantovano (1702-03). Assedio di Brescello e scontri di Ostiglia e di Mirandola (1703). Alla difesa della Verrua, dove rimane ucciso il proprio comandante: l'Ob.Lt Malvezzi (1704). Un battaglione fa parte del presidio di Torino, mentre gli altri due partecipano agli scontri di Volta, Mozambano, Goito ed all'assedio di Costeggio (1705). Il Bat. di presidio a Torino subisce forti perdite durante l'investimento francese, fra cui il comandante, lo Ob.Lt Nazary. Assedio di Pavia (1707). Campagna nel Napoletano: combatte a Gaeta ed all'occupazione di Orbetello (1708). Di presidio in Italia meridionale fino al 1717. Nel dicembre del 1718 partecipa alla spedizione in Sicilia con un distaccamento di 5 compagnie moschettieri e 1 di granatieri; combatte a Milazzo e nelle isole Lipari.

13) 1682 (disciolto nel 1809) Inhaber: Carl Theodor Otto Fst. von **Salm;** dal 1710 Heinrich Gr.von Daun **(Jung Daun);**

Uniforme nel 1695: *Gemeiner.*

Gallone Tri.	Rock	Paramani	Fodera	Kamisol	Brache	Calze	Cravatta	Bottoni
Bianco	Grigio p.	Scarlatto	N.d.	Scarlatto	Scarlatto	Grigio perla	Scarlatto	Ottone

Uniforme nel 1716: *Gemeiner.*

Gallone Tri.	Rock	Paramani	Fodera	Kamisol	Brache	Calze	Cravatta	Bottoni
Bianco	Grigio p.	Scarlatto	Scarlatto	Scarlatto	Scarlatto	Grigio perla	Scarlatto	Ottone

Storia reggimentale:

Reclutava in Boemia e Moravia. Dal 1683 in Ungheria. Nel 1701 è assegnato all'armata dell'Impero sull'alto corso del Reno. Primo assedio di Landau (1701); combatte poi a Friedlingen (1702), dove subisce la perdita di un'intera compagnia. Nella 1704 è inviato in Ungheria. Combatte a Szibò (1705) e a Trentschin (1708). Nel 1712 di nuovo sul Reno di guarnigione a Freiburg; resta coinvolto nell'assedio francese del 1713. Nel 1716 è inviato all'armata del Banato.

14) 1682 (I.R. 47) Inhaber:dal 1692 Notger Wilhelm Br.von **Öttingen**-Baldern; dal 1694 Lorenzo Gr. von **Solari;** dal 1704 Joseph P. Gr. **Harrach** von Rohrau

Uniforme nel 1683: *Gemeiner.*

Gallone Tri.	Rock	Paramani	Fodera	Kamisol	Brache	Calze	Cravatta	Bottoni
Bianco	Grigio scuro	Blu scuro	Grigio scuro	Blu scuro	Blu scuro	Carminio	Nero	Ottone

Uniforme nel 1689: *Gemeiner.*

Gallone Tri.	Rock	Paramani	Fodera	Kamisol	Brache	Calze	Cravatta	Bottoni
Bianco	Grigio scuro	Grigio scuro	Grigio scuro	Blu scuro	Blu scuro	Blu scuro	Scarlatto	Ottone

Offizier e sotto *Spielleute.*

Gallone Tri.	Rock	Paramani	Fodera	Kamisol	Brache	Calze	Cravatta	Bottoni
Bianco	Blu scuro	Bianco	Bianco	Bianco	Blu scuro	Bianco	Bianco	Oro
Bianco	Blu scuro	Bianco	Bianco	Grigio scuro	Grigio scuro	Grigio scuro	Bianco	Ottone

berrettone di pelo del *Grenadier* con placca frontale in ottone, *borsa* blu scuro con gallone e nappa gialla; *Offizier* con gallone dorato al Rock e ai paramani; *Spielleute* come sopra ma con gallone giallo.

Uniforme nel 1716: *Gemeiner* note: al *Kamisol* del *Gemeiner* 24 bottoni.

Gallone Tri.	Rock	Paramani	Fodera	Kamisol	Brache	Calze	Cravatta	Bottoni
Bianco	Grigio p.	Azzurro	Azzurro	Azzurro	Azzurro	Grigio perla	Scarlatto	Ottone

Storia reggimentale:

Reclutava in Stiria. Dal 1683 si trova sul confine ungherese. Combatte a Szlankamen (1691), dove subisce la perdita di 369 soldati e 3 ufficiali. Battaglie di Grosswardein (1692), Jenoe, Gyula (1693), e Zenta (1697). Nel 1701 è inviato all'armata d'Italia; combatte a Luzzara (1702). Perde il proprio *Inhaber* a Castelnuovo sul Bormida (1704). Tre battaglioni sono di presidio a Vercelli durante l'assedio del 1704 e alla resa della città restano prigionieri. Riformato nuovamente in Italia con le compagnie superstiti, raggiunge il corpo imperiale in Lombardia. Si distingue alla battaglia di Torino (1706). Assedio di Tolone, conquista di Susa e Fort Catinat (1707); combatte poi a Exilles, Fenestrelle e Perosa (1708). Nel 1712 è inviato all'armata del Reno. Di presidio a Freiburg fino al 1713. Nel 1716 é inviato in Ungheria e partecipa alle maggiori azioni su quel teatro di guerra fino al 1717.

15) 1682 (I.R. 59) Inhaber dal 1693: Luigi Ferdinando Gr. von **Marsigli;** dal 1703 Anton Aegydius Frh. Jörger zu **Tollet**; dal 1716 **Ottokar** Gr.von **Stahremberg**

Uniforme nel 1708: *Gemeiner.*

Gallone Tri.	Rock	Paramani	Fodera	Kamisol	Brache	Calze	Cravatta	Bottoni
Bianco	Grigio p.	Carminio	Grigio per.	Grigio per.	Grigio perla	Grigio perla	Scarlatto	Stagno

Uniforme nel 1708: *Gemeiner.*

Gallone Tri.	*Rock*	Paramani	Fodera	*Kamisol*	Brache	Calze	Cravatta	Bottoni
Bianco	Bianco	Carminio	Bianco	Bianco	Carminio	Bianco	Scarlatto	Stagno

Storia reggimentale:

Dal 1691 in Ungheria. Combatte a Szlankamen, dove subisce la perdita di 253 soldati, 8 ufficiali e il *Regiments-Kommandant* Ob/Lt von Pötting. Per l'alto valore dimostrato il reggimento riceve una lettera di ringraziamento dall'imperatore Leopoldo I. Di presidio in Transilvania; combattimento di Olaschin (1696). Battaglia di Zenta (1697). Nel 1701 è assegnato all'armata del Reno; primo assedio di Landau (1702), poi di presidio ad Alt-Breisach (1703), dove il proprio *Inhaber*, il conte Marsigli, fa parte del comando della Piazza. Il 6 settembre, dopo l'investimento della fortezza di parte dei Franco-Bavaresi e la capitolazione della città, il conte viene degradato ed espulso dall'esercito. Scontro di Donauworth (1704) e assedi di Landau e di Ulm. Dal 1705 è in Ungheria; scontri a Bibersburg. Nel 1707 sei compagnie sono di presidio nell'Austria inferiore; combattimenti di Leopoldstadt, Tyrnau e assedio di Szereth. Scontri di Neuhausel, battaglia di Trentschin e blocco di Neuttra (1708). In Transilvania dalla primavera del 1712. Campagna nel Banato; assedio di Temesvar, dove un Bat. fa parte della colonna d'attacco alla grande Palanka. In quell'occasione il propria comandante (Ob.Lt Degano) rimane ferito insieme a un gran numero di soldati; dopo questo episodio al reggimento viene concesso di cambiare il colori dell'uniforme, introducendo i risvolti al petto rosso carminio.

► Da sinistra a destra: *Musketier Gemeiner*, ca 1690, Regg. Saschen-Coburg (25); *Pikenier*, 1700, Regg. Pàlffy (4) ; Musketier Offizier, 1701 Regg. Osnabrück (39). Disegno a colori di Richard Knötel da 'Die Grosse Uniformenkunde'.

From left to the right: Musketeer 1690 of the Regt. Saschen-Coburg (nr.25). Pikeman 1700 of the Regt. Toldi-Pàlffy (nr. 4) and officier 1701 of the regiment Bischof Von Osnabrück (nr. 39). Plates of R. Knötel

16) 1682 (disciolto nel 1748) Inhaber:dal 1689 Siegbert Gr.von **Heister;** dal 1717 Joseph Gr.von **Heister**

Uniforme nel 1689: *Gemeiner.*

Gallone Tri.	*Rock*	Paramani	Fodera	*Kamisol*	Brache	Calze	Cravatta	Bottoni
Bianco	Verde	Scarlatto	Scarlatto	Pelle nat.	Pelle nat.	Verde	Bianco	Stagno

Offizier. note: *Offizier* piumetto bianco al bordo del copricapo.

Gallone Tri.	*Rock*	Paramani	Fodera	*Kamisol*	Brache	Calze	Cravatta	Bottoni
Bianco	Scarlatto	Verde	Verde	Scarlatto	Scarlatto	Bianco	Bianco	Argento

Uniforme nel 1707: *Gemeiner.*

Gallone Tri.	*Rock*	Paramani	Fodera	*Kamisol*	Brache	Calze	Cravatta	Bottoni
Bianco	Grigio perla	Scarlatto	Scarlatto	Scarlatto	Scarlatto	Grigio perla	Scarlatto	Stagno

Uniforme nel 1716: *Gemeiner.* note: *Rock* del *Gemeiner* con asole dei bottoni in filo rosso scarlatto. Nel 1717 tutto il reggimento cambia lo scarlatto con il carminio.

Gallone Tri.	*Rock*	Paramani	Fodera	*Kamisol*	Brache	Calze	Cravatta	Bottoni
Bianco	Bianco	Scarlatto	Scarlatto	Scarlatto	Scarlatto	Bianco	Scarlatto	Stagno

Storia reggimentale:

Reclutava in Boemia. Dal 1690 è in Ungheria. Partecipa agli scontri di Brod e Gradiska in Croazia (1691) quindi di presidio a Szolnok fino al 1693. Difesa di Peterwardein (1695), scontro di Ollashin (1696), battaglia di Zenta (1697). Agli inizi del nuovo secolo é di presidio a Ofen. Nel 1703 è assegnato alla difesa dell'arsenale di Buda. Partecipa ai maggiori scontri con gli insorti fino alla fine della ribellione nel 1711; il proprio Ob. Inhaber era stato nominato a capo dell'armata d'Ungheria nel 1704. Nel 1716 partecipa alla campagna del Banato, dove è presente alla battaglia di Peterwardein e all'assedio di Temesvar (1716), quindi alle giornate di Belgrado (1717).

▲ **Da sinistra a destra: *Grenadier Gemeiner*, 1701, Regg. Bayreuth (37),** Musketier Feldwebel, 1703, Regg. Württemberg (10) e Musketier Gemeine,, 1708, Regg. Thürheim (33). Disegno di Richard Knötel.
Imperial infantry. From left to the right: 1701, grenadier regg. Bayreuth (nr. 37), 1703 Feldwebels Regiment Württemberg (nr. 10) and 1708 musketeer of the Regiment Thürheim (nr.33).

17) 1682 (I.R. 20) Inhaber:dal 1694 Johann Karl Gr.von **Thüngen ;** dal 1710 Friedrich Wilhelm Fst. von **Holstein**-Beck

Uniforme nel 1683: *Gemeiner.* note: calze a righe verticali bianco-blu.

Gallone Tri.	*Rock*	Paramani	Fodera	*Kamisol*	Brache	Calze	Cravatta	Bottoni
Bianco	Grigio perla	Blu scuro	Grigio perla	Pelle naturale	Pelle naturale	Bianco-nlu	Scarlatto	Stagno

Uniforme nel 1710: *Gemeiner.*

Gallone Tri.	*Rock*	Paramani	Fodera	*Kamisol*	Brache	Calze	Cravatta	Bottoni
Bianco	Grigio perla	Azzurro	Azzurro	Azzurro	Azzurro	Grigio perla	Scarlatto	Stagno

Uniforme nel 1710: *Gemeiner.*

Gallone Tri.	*Rock*	Paramani	Fodera	*Kamisol*	Brache	Calze	Cravatta	Bottoni
Bianco	Bianco	Azzurro	Azzurro	Azzurro	Azzurro	Bianco	Scarlatto	Bianco

Storia reggimentale:

Reclutava nel Palatinato e in Svevia. Dal 1689 si trova sul Reno; assedio di Mainz. Di guarnigione a Philippsburg nel 1698. Nel 1701 è nuovamente assegnato all'armata del Reno; primo assedio di Landau e battaglia di Friedlingen (1702). Combattimenti sulle linee di Stollhofen-Buhl (1703). Battaglia di Donauworth e assedi di Landau e Ulm (1704). Nell'estate del 1708 due battaglioni rimangono con l'armata del Reno, mentre gli altri due raggiungono la neo costituita armata della Mosella sotto il Principe Eugenio di Savoia. Assedio di Tournay, battaglia di Oudenaarde (1708) e di Malplaquet (1709). Assedio di Le Quesnoy e battaglia di Denain (1712). Di presidio nei Paesi Bassi austriaci. Nel 1717 raggiunge l'armata del Banato, combatte a Belgrado.

18) 1682 (I.R. 27) Inhaber: Ottavio Gr.von **Nigrelli;** dal 1703 Johann Hieronymus Frh. **Zum-Jungen**
Uniforme nel 1698: *Gemeiner.* Note: bottoniere bianche ai paramani del *Gemeiner.* Sotto *Offizier*

Gallone Tri.	*Rock*	Paramani	Fodera	*Kamisol*	Brache	Calze	Cravatta	Bottoni
-	Azzurro	Vermiglio	Vermiglio	N.d.	N.d.	Vermiglio	Scarlatto	Ottone
Bianco	Bianco	Bianco	Bianco	Bianco	Bianco	Bianco	Bianco	Oro

Uniforme nel 1701: *Gemeiner.*

Gallone Tri.	*Rock*	Paramani	Fodera	*Kamisol*	Brache	Calze	Cravatta	Bottoni
Bianco	Grigio per.	Vermiglio	Grigio perla	Vermiglio	Vermiglio	Grigio perla	Scarlatto	Stagno

Offizier Note:al *Rock* degli ufficiali gallone di filo argento ai paramani, alla tasche e alle bottoniere.

Gallone Tri.	*Rock*	Paramani	Fodera	*Kamisol*	Brache	Calze	Cravatta	Bottoni
Bianco	Vermiglio	Bianco	Bianco	Bianco	Bianco	Bianco	Bianco	Argento

Storia reggimentale:

Dal 1683 è in Ungheria. Assegnato all'armata d'Italia, si segnala a Chiari (1701), dove cattura quattro drappi francesi. Nel dicembre dello stesso anno, in uno scontro nei pressi di Pizzighettone con la scorta di un convoglio di rifornimento francese, un ufficiale (*Grenadier Hpt.*Gerardin) guida un piccolo gruppo di granatieri, incendiando la maggior parte dei carri e catturando molti dei conduttori e 150 capi di bestiame. Alcuni ufficiali del regg. partecipano come volontari all'azione di Cremona (1702); si segnala a Luzzara, dove perde quasi 140 uomini. Nell'inverno del 1703-04 tre battaglioni sono di presidio nel Tirolo meridionale. Nel 1704 è in Piemonte; combatte a Cassano (1705) e a Torino (1706). Assedio di Tolone e conquista di Susa (1707). Conquista dei presidi spagnoli di Orbetello e Porto Santo Stefano (1708). Di presidio nell'Italia del sud fino al 1715; poi in Lombardia, dove il proprio Inhaber è nominato governatore militare.

19) 1682 (disciolto nel 1725) Inhaber: Dietrich Frh. von **Nehem;** dal 1715 Claude Alexandre Gr.de **Bonneval**
Uniforme nel 1707: *Gemeiner.*

Gallone Tri.	*Rock*	Paramani	Fodera	*Kamisol*	Brache	Calze	Cravatta	Bottoni
Bianco	Grigio perla	Scarlatto	Scarlatto	N.d.	N.d.	Scarlatto	Scarlatto	Stagno

Uniforme nel 1714: *Gemeiner.*

Gallone Tri.	*Rock*	Paramani	Fodera	*Kamisol*	Brache	Calze	Cravatta	Bottoni
Bianco	Bianco	Scarlatto	Scarlatto	Pelle nat.	Pelle nat.	Scarlatto	Scarlatto	Stagno

Storia reggimentale:

Reclutava in Boemia e Moravia. Dal 1683 in Ungheria contro gli ottomani. Battaglia di Zenta (1697). Di presidio in Ungheria, nel 1703 è smistato nei presidi dell'alta Ungheria. Un battaglione partecipa con l'armata campale alle campagne contro i ribelli; combattimenti a Eisenstadt (103) e scontro di Pata (1704). Si segnala poi a Szibò (1705), dove cattura sei bocche da fuoco ai ribelli. Nei pressi di Kolesd una compagnia, di scorta a un convoglio di provianda, viene sorpresa in un'imboscata e viene quasi annientata (1708). Al termine della guerra in Ungheria rimane di presidio a Széged. Nel 1716 partecipa alla guerra centro la Porta: combatte a Peterwardein, Temesvar (1716) e Belgrado (1717).

20) 1682 (sciolto nel 1700) Inhaber: L.Hzg. von **Württemberg** Mompelgard.

Storia reggimentale:
Reclutato nei territori della signoria di Württemberg-Mompelgard. Dal 1683 è in Ungheria; combatte a Szlankamen (1691).

21) 1682 (disciolto nel 1748) Inhaber: dal 1688 Leopold Pr. von **Anhalt-Dessau;** dal 1700 Wilhelm Florentin **Rheinraf** zu Sals-Neufville; dal 1704 Georg Oliver Gr.von Wallis (**Alt-Wallis**)

Uniforme nel 1685: *Gemeiner.* Note:al *Kamisol* del *Gemeiner* bottoni in pelle naturale;

Gallone Tri.	Rock	Paramani	Fodera	Kamisol	Brache	Calze	Cravatta	Bottoni
-	Blu scuro	Blu scuro	Blu scuro	Pelle nat.	Pelle nat.	Blu scuro	Bianco	Stagno

Offizier. Note: copricapo degli ufficiali con piumetto bianco ai bordi.

Gallone Tri.	Rock	Paramani	Fodera	Kamisol	Brache	Calze	Cravatta	Bottoni
Bianco	Carminio	Carminio	Carminio	Blu scuro	Blu scuro	Blu scuro	Bianco	Argento

Uniforme nel 1705: *Gemeiner.*

Gallone Tri.	Rock	Paramani	Fodera	Kamisol	Brache	Calze	Cravatta	Bottoni
-	Grigio perla	Grigio perla	Bianco	Blu scuro	Blu scuro	Blu scuro	Scarlatto	Stagno

Uniforme nel 1716: *Gemeiner.*

Gallone Tri.	Rock	Paramani	Fodera	Kamisol	Brache	Calze	Cravatta	Bottoni
Bianco	Bianco	Bianco	Bianco	Blu scuro	Blu scuro	Blu scuro	Scarlatto	Bianco

Storia reggimentale:
Reclutava in Moravia e Slesia. Dal 1683 in Ungheria. Nel 1700 viene completato con reclute e ufficiali del disciolto Hajducken Reg. Palffy (vedi H2).Nel 1701 è inviato in Italia. Si distingue alla battaglia di Carpi (1701). Combatte a Luzzara (1702), poi a Villanova d'Asti (1703). Nel 1704 partecipa alla conquista di Stradella, allo scontro di Castelnuovo sul Bormida e ai combattimenti per la difesa della Verrua. Si segnala a Cassano (1705) e a Torino (1706). Occupazione del Regno di Napoli (1707); brillante comportamento all'assedio di Gaeta. Di presidio a Napoli fino al 1717. Nel 1718 è coinvolto nella breve guerra dei Pirenei.

22) 1683 (I.R. 35) Inhaber: dal 1687 Karl Ludwig Archinto Gr. von **Tayna;** dal 1693 Johann Martin **Gschwind** Frh. von Pöckstein

Uniforme nel 1683: *Gemeiner.*

Gallone Tri.	Rock	Paramani	Fodera	Kamisol	Brache	Calze	Cravatta	Bottoni
-	Grigio perla	scralatto	Grigio perla	Grigio perla	Pelle naturale	Grigio perla	Scarlatto	Stagno

Uniforme nel 1691: *Gemeiner.*

Gallone Tri.	Rock	Paramani	Fodera	Kamisol	Brache	Calze	Cravatta	Bottoni
-	Grigio perla	Grigio perla	Grigio perla	Grigio perla	Pelle nat.	Grigio perla	Scarlatto	Stagno

Uniforme nel 1716: *Gemeiner.*

Gallone Tri.	Rock	Paramani	Fodera	Kamisol	Brache	Calze	Cravatta	Bottoni
-	Bianco	Bianco	Bianco	Bianco	Bianco	Bianco	Scarlatto	Stagno

Storia reggimentale:
Campagne in Ungheria contro gli ottomani; battaglia di Szlankamen (1691). Nel 1695 è trasferito all'armata d'Italia; Assedio di Casale. Nel 1701 è inviato in Italia settentrionale; combatte a Chiari (1701) e a Luzzara (1702) dove perde fra morti e feriti quasi tutti gli ufficiali e un battaglione rimane al comando di un *Korporal* fino al termine della battaglia. Nell'autunno del 1703 è di presidio nel Tirolo. Dal 1704 è di nuovo in Italia. Occupazione del Regno di Napoli; perdite all'assedio di Gaeta (1707). In Catalogna dal 1708. Combatte ad Almenara, Saragozza e Villaviciosa (1710) e alla difesa di Cardona (1711). Con l'armata del Banato dal 1716.

23) 1683 (I.R.36) Inhaber: dal 1700 Philipp Erasmus Fst. von **Liechtenstein;** dal 1704 Maximilian Ludwig Gr. von **Regal;** dal 1718 Franz Paul Gr. von Wallis (**Jung Wallis**)

Uniforme nel 1683: *Gemeiner. A seguire Offizier.*

Gallone Tri.	*Rock*	Paramani	Fodera	*Kamisol*	Brache	Calze	Cravatta	Bottoni
-	Grigio perla	Blu Prussia	N.d.	Pelle nat.	Pelle nat.	Grigio perla	Scarlatto	Ottone
Bianco	Blu Prussia	Blu Prussia	N.d.	Cervo	Cervo	Bianco	Bianco	Oro

Uniforme nel 1704: *Gemeiner.*

Gallone Tri.	*Rock*	Paramani	Fodera	*Kamisol*	Brache	Calze	Cravatta	Bottoni
Gaillo	Grigio perla	Blu medio	Blu medio	Blu medio	Grigio perla	Grigio perla	Scarlatto	Ottone

Uniforme nel 1714: *Gemeiner.*

Gallone Tri.	*Rock*	Paramani	Fodera	*Kamisol*	Brache	Calze	Cravatta	Bottoni
Bianco	Grigio perla	Blu medio	Blu medio	Blu medio	Blu medio	Grigio perla	Scarlatto	Ottone

Storia reggimentale:
Il celebre Regg. Regal modello per tutta la fanteria imperiale dopo le diffusione del manuale di regolamento scritto dal proprio Obrist Inhaber - reclutava in Boemia e Moravia. In Ungheria dal 1683: forti perdite all'assedio di Bihac (1697). Nel 1701 é inviato in Italia; battaglia di Chiari (1701) e occupazione del Mantovano (1702), Si segnala negli scontri sul Bormida e a Luzzara (1702), dove subisce forti perdite. Combattimenti a Brescello, Ostiglia e a Finale di Modena (1703) e nel gennaio seguente a Castelnuovo Bormida, dove perde il proprio *Obrist Inhaber*. Difesa della Verrua (1704-05); Battaglia di Cassano (1705) e di Torino (1706), dove un distaccamento si trovava di guarnigione in città. Occupazione del Ferrarese e ai combattimenti contro i Pontifici (1708). Nel 1713 è di presidio sul Reno. Campagna del Banato, combatte con merito a Temesvar (1716) e a Belgrado (1717), dove perde la vita il conte Regal.

24) 1684 (I.R.56) Inhaber: Paul Anton Frh. von **Houchin;** dal 1699 Philipp Vietrich Gr.von **Daun (Jung Daun** poi, dal 1710, **Alt Daun)**

Uniforme nel 1684: *Gemeiner.* Note: calze a righe bianco-rosse.

Gallone Tri.	*Rock*	Paramani	Fodera	*Kamisol*	Brache	Calze	Cravatta	Bottoni
-	Grigio perla	Grigio perla	Grigio perla	Pelle nat.	Scarlatto	Bianco rosa	Scarlatto	Ottone

Uniforme nel 1699: *Gemeiner.* Note: tricorno con coccarda a rosetta scarlatto; *Grenadier*, al *Rock* patte di spalla scarlatto.

Gallone Tri.	*Rock*	Paramani	Fodera	*Kamisol*	Brache	Calze	Cravatta	Bottoni
Bianco	Grigio perla	Scarlatto	Scarlatto	Grigio perla	Grigio perla	Scarlatto	Scarlatto	Ottone

Uniforme nel 1716: *Gemeiner*

Gallone Tri.	*Rock*	Paramani	Fodera	*Kamisol*	Brache	Calze	Cravatta	Bottoni
Bianco	Bianco	Bianco	Scarlatto	Scarlatto	Bianco	Scarlatto	Scarlatto	Ottone

◄ **Un battaglione combinato di granatieri alla battaglia di Peterwardein.** In quella occasione fu lo stesso principe Eugenio a disporre che la fanteria: "deponesse i giustacorpi, come pure tutto quello che è superfluo". Ogni granatiere ricevette anche quattro granate. (disegno di B. Mugnai da un illustrazione di Carl Röchling)

A Grenadier battalion Grenadiers at the battle of Peterwardein. In this battle, the same prince Eugene, ordered the infantry to "deposed everything that is superfluous." Every Grenadier was also armed with four grenades.

Storia reggimentale:
Dal 1683 è con l'armata in Ungheria. Difesa di Peterwardein (1694); poi di presidio in Transilvania dal 1697; un battaglione combatte a Zenta. Nel 1701 è assegnato all'armata d'Italia; Combatte a Carpi e Chiari (1701) e a Luzzara (1702); scontri di Brescello, difesa di Ostiglia (1703) e della Verrua (1704-05). Due battaglioni sono di presidio a Torino durante l'assedio Francese. Occupazione del Regno di Napoli (1707). Nel 1710 rientra in Lombardia. Mobilitato con l'armata del Banato; combatte a Peterwardein, Temesvar e Belgrado.

25) 1688 (I.R.57) Inhaber dal 1688 Albrecht III Hzg.von Sachsen-**Coburg;** dal 1699 Karl Sebastian **Kratz** Gr. von Scharfenstein; dal 1704 Johann Damian Frh.von **Sickingen**; dal 1713 Johann Hannibal Frh. von Waldstein (**Wallenstein**); dal 1716 Georg Gr. von **Browne** de Camus

Uniforme nel 1690: *Gemeiner.*

Gallone Tri.	Rock	Paramani	Fodera	Kamisol	Brache	Calze	Cravatta	Bottoni
Bianco	Bianco	Nero	Bianco	Bianco	Bianco	Nero	Nero	Stagno

Uniforme nel 1707: *Gemeiner.*

Gallone Tri.	Rock	Paramani	Fodera	Kamisol	Brache	Calze	Cravatta	Bottoni
Bianco	Grigio perla	Nero	Grigio perla	Grigio perla	Grigio perla	Grigio perla	Scarlatto	Ottone

Uniforme nel 1716: *Gemeiner sotto Offizier.*

Gallone Tri.	Rock	Paramani	Fodera	Kamisol	Brache	Calze	Cravatta	Bottoni
Bianco	Bianco	Nero	Nero	Bianco	Bianco	Bianco	Nero	Stagno
Giallo	Bianco	Nero	Nero	Bianco	Bianco	Bianco	Nero	Stagno

Storia reggimentale:
Reclutava in Stiria e Alta Austria. Dal 1690 si trova in Piemonte; combatte a Pinerolo e all'assedio di Casale (1691). Nell'estate del 1695 viene inviato in Catalogna; partecipa alla difesa di Barcellona (1696-97). Alla fine della guerra, funestato da un'epidemia contratta in Catalogna e dopo una lunga e penosa marcia attraverso la Francia e la Svevia, rientra nel ottobre del 1701 in Austria ridotto a soli 150 uomini. Parzialmente ricompletato con le reclute del disciolto Regg. Württemberg (vedi n°20), è assegnato all'armata del Reno. Di presidio ad Alt-Breisach (1703), dove resta coinvolto nella disonorevole resa della città. Con l'armata del Reno fino al 1705, quindi in Ungheria. Combattimenti di Vadkert e Rombany (1710). Di presidio in Transilvania fino al 1716. Campagna nel Banato; a Peterwardein (1716) perde la vita il proprio Inhaber, poi all'assalto della grande Palanka nell'assedio di Temesvar perde un centinaio di uomini.

26) 1691 (I.R.7) Inhaber: Notger Wilhelm Gr.von **Öttingen**-Baldern; dal 1692 Johann Frh.von **Pfeffershofen**; dal 1700 Eberhard Friedrich Frh.von **Neipperg**

Uniforme nel 1691: *Gemeiner.*

Gallone Tri.	Rock	Paramani	Fodera	Kamisol	Brache	Calze	Cravatta	Bottoni
Bianco	Grigio perla	Blu medio	Grigio perla	N.d.	Grigio perla	Blu medio	Blu medio	Ottone

Uniforme nel 1700: *Gemeiner.*

Gallone Tri.	Rock	Paramani	Fodera	Kamisol	Brache	Calze	Cravatta	Bottoni
Bianco	Grigio perla	Blu medio	Grigio perla	Grigio perla	Grigio perla	Grigio perla	Bianco	Ottone

Uniforme nel 1716: *Gemeiner.*

Gallone Tri.	Rock	Paramani	Fodera	Kamisol	Brache	Calze	Cravatta	Bottoni
Bianco	Bianco	Blu medio	Bianco	Bianco	Bianco	Bianco	Scarlatto	Bianco

Storia reggimentale:
Reclutava in Carinzia, Stiria e Carniola. Campagne in Ungheria contro gli ottomani. Difesa di Peterwardein (1694) e scontro di Olaschin (1696). Di presidio in Ungheria, poi in Transilvania. Combattimenti contro gli insorti ungheresi; si distingue a Szibò (1705). Forti perdite e diserzioni; nell'agosto del 1707 è ridotto al 20% del suo effettivo. Di presidio in Transilvania fino al 1716, poi alla Campagna di Temesvar (1716) e di Belgrado (1717), dove subisce forti perdite nell'attacco al campo ottomano, quando un battaglione rimane isolato e subisce l'assalto della cavalleria e dell'artiglieria avversarie.

27) 1691 (disciolto nel 1700) Inhaber: Wilhelm Florentin **Rheingraf** zu Salm-Neufville.

Storia reggimentale:
Campagne in Ungheria; assedio di Grosswardein (1692), difesa del campo di Peterwardein (1694), scontro di Olaschin (1696) e battaglia di Zenta (1697). Dopo lo scioglimento ufficiali e reclute confluiscono nei reggimenti. Herberstein (n° 2) e Mansfeld (n° 7).

28) 1694 (disciolto nel 1741) Inhaber: Adolf Johann Gr.von **Pfalz-Zweibrücken;** dal 1699 Luis **Cajetano** Cn. de Arragon; dal 1703 Johann Georg von **Friesen**; dal 1707 Georg Wilhelm von **Löffelholz**

Uniforme nel 1700: *Gemeiner.*

Gallone Tri.	*Rock*	Paramani	Fodera	*Kamisol*	Brache	Calze	Cravatta	Bottoni
-	Grigio perla	Scarlatto	N.d	N.d	N.d	N.d.	N.d	Ottone

Uniforme nel 1716: *Gemeiner.*

Gallone Tri.	*Rock*	Paramani	Fodera	*Kamisol*	Brache	Calze	Cravatta	Bottoni
-	Bianco	Scarlatto	Scarlatto	Scarlatto	Scarlatto	Bianco	Scarlatto	Ottone

Storia reggimentale:
Dal 1695 è in Catalogna con il Corpo del langravio di Hessen-Darmstadt; partecipa alla difesa di Barcellona (1696-97). Nel 1701 rientra in Austria assieme al Regg. Kratz (vedi n° 25) ridotto a soli 107 uomini. Nel 1701 é assegnato all'armata del Reno, poi di presidio nel Tirolo. Battaglia di Donauworth e secondo assedio Landau (1704). Occupazione della Baviera. Nel 1705 è inviato in Ungheria, poi nel 1707 in Transilvania e l'anno seguente di nuovo in Ungheria, dove un Bat. si segnala alla battaglia di Trentschin (1708). Campagna nel Banato.

29) 1694 (disciolto nel 1747) Inhaber: Christian Detlef Gr. vor **Rewentlau**; dal 1712 Johann **O'Dwyer**

Uniforme nel 1706: *Gemeiner.*

Gallone Tri.	*Rock*	Paramani	Fodera	*Kamisol*	Brache	Calze	Cravatta	Bottoni
-	Grigio perla	Azzurro	Grigio perla	Grigio perla	Grigio perla	Grigio perla	Bianco	Stagno

Uniforme nel 1716: *Gemeiner.*

Gallone Tri.	*Rock*	Paramani	Fodera	*Kamisol*	Brache	Calze	Cravatta	Bottoni
Bianco	Bianco	Azzurro	Bianco	Bianco	Bianco	Bianco	Scarlatto	Stagno

Storia reggimentale:
Reclutava in Bassa Austria e in Slesia. Assegnato all'armata del Reno; partecipa alle operazioni presso Mainz (1697). Nel 1710 è nuovamente sul Reno poi, nel giugno del 1702, raggiunge l'armata d'Italia. Si segnala a Cassano (1705) e a Torino (1706). Imbarcato per la Catalogna nel 1708; combatte ad Almenara, Saragozza - dove perde 19 ufficiali e molti soldati - e a Villaviciosa. Rientra in Lombardia per raggiungere nel 1716 l'armata del Banato.

30) 1694 (disciolto nel 1700) Inhaber: Heinrich Frh.von **Vitry** .

Storia reggimentale:
Reggimento di sette compagnie ceduto dal duca Ernst August di Braunschweig-Lüneburg Kalemberg e completato con reclute dall'Austria. Due battaglioni combattono a Zenta (1697).

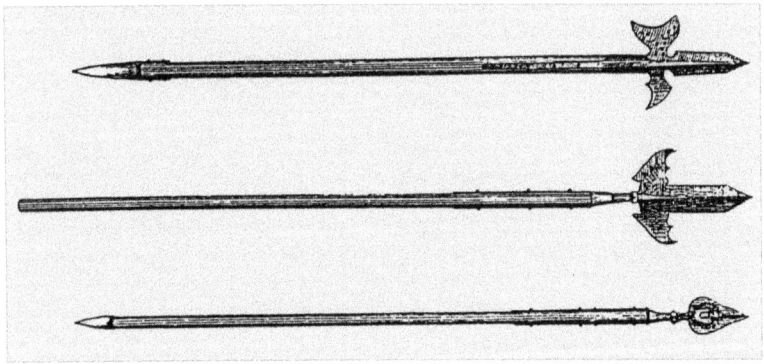

◀ **Dall''alto in basso:** *Kurzgewehr* per Musketier Gemeiner, partigiana da Musketier Offizier e Springstock, 1700-1718. Illustrazione da FeldzŸge des Prinzen Eugen von Savoyen, Vienna 1876.

From above to below: Kurzge-wehr for Musketier Gemeiner, partizan for Musketier Offizier and Springstock, 1700-1718. Illustration from Feldzüge des Prinzen Eugen von Savoyen, Vienna 1876.

31) 1696 (I.R. 4) Inhaber: Franz Ludwig Hzg. von Bayern-Pfalz-Neuburg, Hoch und **Deutschmeister**

Uniforme nel 1696: *Gemeiner.*

Gallone Tri.	Rock	Paramani	Fodera	Kamisol	Brache	Calze	Cravatta	Bottoni
Bianco	Grigio perla	Indaco	Grigio perla	Indaco	Indaco	Scarlatto	Bianco	Ottone

Uniforme nel 1705: *Gemeiner.*

Gallone Tri.	Rock	Paramani	Fodera	Kamisol	Brache	Calze	Cravatta	Bottoni
Bianco	Grigio perla	Indaco	Indaco	Indaco	Indaco	Scarlatto	Scarlatto	Ottone

Offizier. Note: bottoniere bianche al *Rock* e al *Kamisol*; petto e schiena di corazza d'acciaio brunito con guarnizioni in velluto rosso e accessori in metallo dorato.

Gallone Tri.	Rock	Paramani	Fodera	Kamisol	Brache	Calze	Cravatta	Bottoni
Bianco	Bianco	Indaco	Indaco	Indaco	Indaco	Scarlatto	Bianco	Oro

Uniforme nel 1717: *Gemeiner*

Gallone Tri.	Rock	Paramani	Fodera	Kamisol	Brache	Calze	Cravatta	Bottoni
Bianco	Bianco	Indaco	Bianco	Indaco	Indaco	Bianco	Scarlatto	Ottone

Storia reggimentale:

Reclutava nei territori appartenenti all'Ordine Teutonico, poi anche in Slesia. Nel 1697 un battaglione si trova in Ungheria con l'armata campale, mentre gli altri due sono di presidio in Transilvania. Dal 1700 è di guarnigione sul confine meridionale ungherese. Durante l'insurrezione ungherese partecipa alla difesa dei passi sul confine moravo e slesiano. Un battaglione combatte a Trentschin (1708). Nel 1709 è assegnato all'amata della Mosella; partecipa all'assedio di Tournay, alla battaglia di Malplaquet e agli assedi di Le Quesnoy e Mons (1709). Perdite a Denain (1712). Rimane di presidio nei Paesi Bassi austriaci fino al 1719.

32) 1698 (disciolto nel 1700) Inhaber: Heinrich Friedrich Pr.von Württemberg **-Stüttgart.**

Storia reggimentale:

Reggimento di due battaglioni ceduto dal duca di Württemberg all'Imperatore. Dal 1690 è con l'armata alleata in Piemonte. Nel 1691 è inviato all'armata del duca Carlo di Lorena sul Reno. Partecipa alle operazioni di Mainz (1697).

▲ **Fanteria imperiale in marcia,** inizio del XVIII secolo. In queste occasioni l'abbigliamento dei soldati era molto vario: alcuni indossano solo il Kamisol mentre il giustacorpo è ripiegato e portato nello zaino; altri sono coperti dallo Holzkappe, un berretto di origine popolare, progenitore del berretto di fatica, quello visibile al centro è tipicamente boemo. Il moschettiere in primo piano tiene nella mano sinistra uno Springstock - bastone da salto - usato in alcuni reggimenti ancora ai primi anni del Settecento. (disegno di B. Mugnai da un illustrazione di Carl Röchling)

Imperial soldiers marching the beginnings of 1700s. From an illustration of Carl Röchling

33) 1698 (I.R.28) Inhaber: Franz Sebastian Gr.von **Thürheim**; dal 1713 F. L. von der **Lancken;** dal 1716 L. Philipp Hzg. von Aremberg **(D'Aremberg)**

Uniforme nel 1708: *Gemeiner.* Note: *Rock* con 'revers' al petto rosso carminio.

Gallone Tri.	*Rock*	Paramani	Fodera	*Kamisol*	Brache	Calze	Cravatta	Bottoni
Bianco	Grigio perla	Carminio	Grigio perla	Grigio perla	Grigio perla	Grigio perla	Scarlatto	Ottone

Uniforme nel 1716: *Gemeiner.* Note. *Rock* con patta al colletto rosso carminio.

Gallone Tri.	*Rock*	Paramani	Fodera	*Kamisol*	Brache	Calze	Cravatta	Bottoni
Bianco	Grigio perla	Carminio	Grigio perla	Grigio perla	Grigio perla	Grigio perla	Scarlatto	Ottone

Storia reggimentale:
Formato con reclute provenienti dalla Bassa Austria e dalla Boemia, da sei compagnie del reggimento Metternich (n° 1) e due del reggimento Heister (n°16). Destinato prima all'armata d'Italia nel 1701, per ritardi nel completamento dell' organico trascorre in Austria tutto il 1702; poi nel 1703 viene inviato in Ungheria a rinforzo dei presidi occidentali minacciati dalle incursioni degli insorti. Si distingue alla battaglia di Gyarmath (1704), ma l'anno seguente esasperate dal ritardo dei salari quasi tutte le compagnie si ammutinano e disertano passando ai ribelli. E' ricostituito a Buda nel 1706; assedio di Neutra (1709). Nel 1712 é in Transilvania e poi di nuovo in Ungheria l'anno seguente. Nel 1716 è nel Banato. Si segnala a Temesvar, dove un Lieutenant e nove granatieri irrompono per primi nel vallo difensivo e catturano uno stendardo turco. Una compagnia forma il picchetto di guardia dei delegati Imperiali alla conferenza di pace di Passarowitz (1718).

34) 1698 (disciolto nel 1700) Inhaber: Friedrich von **Löwenburg**
Storia reggimentale:
Reclutato in Austria anteriore e nel Vescovato di Salisburgo. Disciolto ancor prima di essere completato.

35) 1698 (disciolto nel 1699) Inhaber: Friedrich vor **Harstall** auf Speckbach
Storia reggimentale:
Disciolto ancor prima di aver ricevuto le piazze di arruolamento.

36) 1698 (disciolto nel 1700) Inhaber: Eberhard Friedrich Frh.von **Neipperg**
Storia reggimentale:
Come il precedente è disciolto ancor prima di aver ricevuto la piazza di arruolamento.

37) 1701 (I.R.41) Inhaber: Ernst Mgr. von Brandenburg-**Bayreuth**-Kulmbach; dal 1703 Georg Wilhelm Mgr. von Brandenburg-**Bayreuth**

Uniforme nel 1701: *Gemeiner.* A seguire *Offizier, Spielleute*

Gallone Tri.	*Rock*	Paramani	Fodera	*Kamisol*	Brache	Calze	Cravatta	Bottoni
Bianco	Blu Prussia	Vermiglio	Vermiglio	Vermiglio	Pelle nat.	Vermiglio	Bianco	Ottone
Argento	Carminio	Carminio	Carminio	Carminio	Carminio	Bianco	Bianco	Argento
Bianco	Carminio	Blu Prussia	Blu Prussia	Blu Prussia	Carminio	Blu Prussia	Bianco	Ottone

Uniforme nel 1718: *Gemeiner.*

Gallone Tri.	*Rock*	Paramani	Fodera	*Kamisol*	Brache	Calze	Cravatta	Bottoni
Bianco	Bianco	Bianco	Bianco	Blu Prussia	Bianco	Bianco	Scarlatto	Ottone

Storia reggimentale:
Reclutato nei territori del Mgr.di Brandenburg-Bayreuth poi anche in Boemia e Moravia. Primo assedio di Landau (1702) poi sul confine meridionale renano, quindi in Austria Anteriore. Combatte a Donauworth, all'assedio di Ulm e Landau (1704). In Italia dal 1706; combatte a Calcinate e a Castiglione delle Stiviere. Assedio di Tolone (1707). Assedio di Porte Ercole (1711). Dal 1712 è di guarnigione nel Napoletano. Partecipa ai combattimenti in Sicilia nel 1718-19.

38) 1701 (disciolto nel 1720) Inhaber: Philippe de **Longueval** Gr.von Bucquoy; dal 1704 Lothar Joseph Gr.von **Königsegg** –Rothenfels

Uniforme nel 1701: *Gemeiner.*

Gallone Tri.	Rock	Paramani	Fodera	Kamisol	Brache	Calze	Cravatta	Bottoni
Bianco	Grigio Perla	Azzurro	Azzurro	Azzurro	Azzurro	Azzurro	Bianco	Stagno

Offizier (note: gallone dorato al *Rock.*). Sotto *Spielleute*

Gallone Tri.	Rock	Paramani	Fodera	Kamisol	Brache	Calze	Cravatta	Bottoni
Oro bianco	Scarlatto	Scarlatto	Scarlatto	Scarlatto	Scarlatto	Bianco	Bianco	Oro
Bianco	Azzurro	Azzurro	Azzurro	Azzurro	Azzurro	Azzurro	Bianco	Stagno

Uniforme nel 1717: *Gemeiner.*

Gallone Tri.	Rock	Paramani	Fodera	Kamisol	Brache	Calze	Cravatta	Bottoni
-	Bianco	Carminio	Bianco	Bianco	Bianco	Bianco	Scarlatto	Stagno

Storia reggimentale:
Con l'armata d'Italia; si segnala a Luzzara (1702) e nei combattimenti di Brescello e Ostiglia (1703). Nel 1704 un distaccamento fa parte del presidio di Mirandola, che resiste per sei mesi al blocco avversario. Combatte a Cassano (1705). Nel 1706 un Bat. fa parte della guarnigione imperiale a Torino. Assedio di Susa (1707). Occupazione del Ferrarese e combattimento di Pontelagoscuro (1708). Da 1709 in Piemonte poi di presidio in Lombardia.

39) 1701 (I.R. 15) Inhaber: Karl Joseph Hzg.von Lothringen-Bar, Bs.von
Osnabrück; dal 1715 Leopold Joseph Hzg. von **Lothringen**

Uniforme nel 1701-1704: *Gemeiner.* Sotto *Spielleute*

Gallone Tri.	Rock	Paramani	Fodera	Kamisol	Brache	Calze	Cravatta	Bottoni
Bianco	Verde	Carminio	Verde	Carminio	Verde	Bianco	Scarlatto	Stagno
Giallo	Carminio	Verde	Verde	Verde	Verde	Carminio	Scarlatto	Ottone

Uniforme nel 1710: *Gemeiner*

Gallone Tri.	Rock	Paramani	Fodera	Kamisol	Brache	Calze	Cravatta	Bottoni
Bianco	Grigio Perla	Carminio	Carminio	Grigio Perla	Grigio Perla	Carminio	Scarlatto	Ottone

Uniforme nel 1717: *Gemeiner*

Gallone Tri.	Rock	Paramani	Fodera	Kamisol	Brache	Calze	Cravatta	Bottoni
-	Bianco	Carminio	Bianco	Carminio	Bianco	Bianco	Scarlatto	Ottone

Storia reggimentale:
Reggimento del Vescovato di Osnabrück, ceduto all'Imperatore all'inizio del 1701. Partecipa al primo assedio di Landau (1702). L'anno seguente è posto di presidio ad Alt-Breisach, poi a Bregenz. Secondo assedio di Landau (1704). Nel 1706 raggiunge l'armata del principe Eugenio in Italia, combatte a Castiglione delle Stiviere, poi nell'autunno del 1707 viene imbarcato per la Catalogna. Si segnala a Saragossa; forti perdite a Villaviciosa (1711). Nel 1714 rientra in Austria; poi nei 1718 raggiunge il corpo imperiale in Calabria durante la crisi dei Pirenei.

40) 1702 (I.R. 12) Inhaber: Adolph August Hzg. von **Holstein**-Ploen; dal 1704 Hubert Dominique Frh. Du Saix **D'Arnant**

Uniforme nel 1710: *Gemeiner.* Note: *Spielleute, Fourier, Fourierschützen* con *Rock* rosso scarlatto.

Gallone Tri.	Rock	Paramani	Fodera	Kamisol	Brache	Calze	Cravatta	Bottoni
Bianco	Grigio Perla	Scarlatto	Scarlatto	Scarlatto	Grigio Perla	Grigio Perla	Scarlatto	Ottone

Uniforme nel 1717: *Gemeiner.*

Gallone Tri.	Rock	Paramani	Fodera	Kamisol	Brache	Calze	Cravatta	Bottoni
-	Bianco	Scarlatto	scralatto	Bianco	Bianco	Scarlatto	Scarlatto	Ottone

► **Reggimento di fanteria Browne (25)** con l''uniforme ricevuta dopo il 1716. Da sinistra a destra: Pfeiffer; Tambour; Fähnrich; moschettieri. Tutti i soldati portano la cravatta rossa annodata posteriormente, mentre al collo dell'alfiere è annodata una cravatta a fiocco di seta nera Disegno di Richard Knötel.

Regiment of infantry Graf Brown in 1717. from Left to the right: pipe, drum, standard bearer (officer) and fusiliers. Plate of R.Knötel

Storia reggimentale:
Reggimento formato in Lombardia con i resti di due Regg. del Braunschweig-Wolfenbüttel (Hering e Holstein-Plön), decimati dalle diserzioni durante la marcia di trasferimento verso l'Italia. Un battaglione combatte a Finale di Modena (1702); un altro partecipa alla difesa di Mirandola (1704-05), mentre un terzo si trovava a Vienna dal gennaio 1704, a difesa della città dalle incursioni dei ribelli ungheresi. Di presidio nella capitale austriaca fino all'autunno del 1706. Con il corpo di occupazione in Baviera (1705). Nel 1704 il battaglione in Italia parte per l'Ungheria, seguito due anni dopo da un secondo precedentemente formato in Baviera. Nel 1709 quattro compagnie combattono a Rummersheim; un anno dopo sul Reno viene formato il quarto battaglione. Nel 1712 i battaglioni sul Reno sono ricongiunti con uno di ritorno dall'Ungheria, poi inviato di guarnigione a Monaco. Due battaglioni sono di presidio a Landau e un terzo a Freiburg (1713).

41) 1703 (I.R.16) Inhaber: Damian Hugo Gr.von **Virmond**
Uniforme nel 1703: *Gemeiner.*

Gallone Tri.	Rock	Paramani	Fodera	Kamisol	Brache	Calze	Cravatta	Bottoni
-	Grigio Perla	Grigio Perla	Grigio Perla	Grigio Perla	Grigio Perla	Grigio Perla	Scarlatto	Ottone

Uniforme nel 1717: *Gemeiner*

Gallone Tri.	Rock	Paramani	Fodera	Kamisol	Brache	Calze	Cravatta	Bottoni
-	Bianco	Bianco	Bianco	Bianco	Bianco	Bianco	Scarlatto	Ottone

Storia reggimentale:
Formato in Ungheria con otto Komp. del Deutschmeister (n°32) e due Komp. del Thürheim (n°33) e Heister (n°16) e con reclute dalla Slesia. Si segnala a Sibò (1705), Trentschin e Neutra (1708). Dal 1716 è con l'armata del Banato.

42) 1704 (disciolto nel 1721) Inhaber: Johann Adam Gr.**De Wendt**; dal 1715 Georg Gr.von **Browne** de Camus; dal 1716: Philipp Frh. De **Langlet**
Uniforme nel 1704: *Gemeiner*

Gallone Tri.	Rock	Paramani	Fodera	Kamisol	Brache	Calze	Cravatta	Bottoni
Bianco	Grigio perla	Scarlatto	Scarlatto	Grigio perla	Grigio perla	Scarlatto	Scarlatto	Stagno

Storia reggimentale:
Formato in Austria anteriore con reclute locali e cinque Komp. dei Regg. Hasslingen (n°1) e Alt-Daun (n°5). Completato nel 1705 con reclute dei disciolti reggimenti bavaresi. Due battaglioni sono in Ungheria mentre un terzo è in Baviera. Forti perdite a Rummersheim (1709). Difesa di Freiburg (1713).

43) 1709 (I.R.22) Inhaber: Engelbert von **Plischau**; dal 1717 Franz Carl **Laimpruch** Frh. zu Eppurg
Uniforme nel 1709: *Gemeiner.* note: *Grenadier Pelzmütze* con borsa gialla

Gallone Tri.	Rock	Paramani	Fodera	Kamisol	Brache	Calze	Cravatta	Bottoni
Bianco	Grigio perla	Giallo	Grigio perla	Grigio perla	Grigio perla	Grigio perla	Scarlatto	Ottone

Uniforme nel 1714: *Gemeiner*

Gallone Tri.	Rock	Paramani	Fodera	Kamisol	Brache	Calze	Cravatta	Bottoni
Bianco	Grigio perla	Scarlatto	Scarlatto	Grigio perla	Grigio perla	Grigio perla	Scarlatto	Ottone

Storia reggimentale:
Un Battaglione è assegnato all'armata del Reno nel 1710; gli altri due sono in Baviera. Si segnala alla difesa di Freiburg (1713).

44) 1709 (I.R.29) Inhaber: Ferdinand Albert Hzg. von Braunschneig-Wolfenbüttel **Bevern**
Uniforme nel 1709: *Gemeiner.* Note: al *Rock* colletto con patta blu medio

Gallone Tri.	Rock	Paramani	Fodera	Kamisol	Brache	Calze	Cravatta	Bottoni
-	Grigio perla	Blu medio	Grigio perla	Grigio perla	Grigio perla	Grigio perla	Bianco	Stagno

Uniforme nel 1716: *Gemeiner.* al Rock colletto con patta blu di Francia

Gallone Tri.	Rock	Paramani	Fodera	Kamisol	Brache	Calze	Cravatta	Bottoni
-	Grigio perla	Blu Francia	Grigio perla	Grigio perla	Grigio perla	Grigio perla	Scarlatto	Stagno

Storia reggimentale:
Formato in Ungheria con due Bat. del. De Wendt (42) e con reclute dalla Boemia. Prende parte agli ultimi combattimenti contro i Koruc, quindi è di presidio sui confine meridionale dell'Ungheria, Nel 1713 un battaglione è inviato all'armata del Reno. Difesa di Freiburg (1713). Nel 1716 partecipa alla campagna del Banato; si distingue all'assedio di Temesvar, dove un espugna le batterie nemiche nell'assalto al vallo difensivo turco.

45) 1710 (disciolto nel 1748) Inhaber:Carl Frh.von **Eckh**; dal 1712 Siegbert Frh.von **Traun**
Uniforme nel 1711: *Gemeiner.*

Gallone Tri.	Rock	Paramani	Fodera	Kamisol	Brache	Calze	Cravatta	Bottoni
Bianco	Grigio perla	Giallo	Giallo	Grigio perla	Grigio perla	Grigio perla	Bianco	Stagno

Uniforme nel 1717: *Gemeiner*

Gallone Tri.	Rock	Paramani	Fodera	Kamisol	Brache	Calze	Cravatta	Bottoni
Bianco	Bianco	Bianco	Bianco	Bianco	Bianco	Bianco	Scarlatto	Ottone

Storia reggimentale:
Formato nel Napoletano con reclute dei reggimenti in Italia. E imbarcato per la Catalogna nel 1710 ancora incompleto; combatte ad Almenara (1710). Partecipa poi alla difesa della linea dello Ampurdan; poi è di presidio a Barcellona. Dall'autunno del 1713 è in Lombardia.

46) 1710 (disciolto nel 1712) Inhaber: Georg Sr.von **Browne** de Camus.
Storia reggimentale:
Come il precedente era stato formato in Italia. In Catalogna dall'estate del 1710; si segnala ad Almenara. Disciolto nel 1712, ufficiali e reclute confluiscono nei reggimenti dell'armata di Catalogna.

47) 1711 (disciolto nel 1720) Inhaber: Bartolomeus Frh.von **Toldo** de Beda
Uniforme nel 1711: *Gemeiner.* Note: paramani senza bottoni.

Gallone Tri.	Rock	Paramani	Fodera	Kamisol	Brache	Calze	Cravatta	Bottoni
Bianco	Grigio perla	Grigio perla	Grigio perla	Azzurro	Grigio perla	Grigio perla	Bianco	Ottone

Uniforme 1716: *Gemeiner*

Gallone Tri.	*Rock*	Paramani	Fodera	*Kamisol*	Brache	Calze	Cravatta	Bottoni
Giallo	Grigio perla	Grigio perla	Grigio perla	Azzurro	Grigio perla	Grigio perla	Scarlatto	Ottone

Storia reggimentale:
Formato in Italia con soldati dei corpi in Lombardia e nel Napoletano e con reclute dall'Austria anteriore e dal Tirolo. Dal 1711 é in Catalogna. Alla fine della guerra viene trasferito nel Napoletano. Nel 1718 partecipa ai combattimenti in Sicilia contro gli Spagnoli.

48) 1715 (I.R.1) Inhaber. Leopold Epr.von Lothringen (**Alt-Lothringen**)

Uniforme: 1716: *Gemeiner*

Gallone Tri.	*Rock*	Paramani	Fodera	*Kamisol*	Brache	Calze	Cravatta	Bottoni
Giallo	Grigio perla	Scarlatto	Scarlatto	Grigio perla	Grigio perla	Grigio perla	Nero	Ottone

Storia reggimentale:
Reclutato dall'Arcivescovo Elettore di Treviri nel proprio Stato: in Svevia e Austria anteriore. Viene poi completato con reclute provenienti da disciolti Regg. di KurPfalz e Hannover. Nel 1716 si trova con l'armata del principe Eugenio in Ungheria. Riceve il battesimo del fuoco a Peterwardein. L'anno seguente é sotto le mura di Belgrado dove subisce la perdita di quasi un intero Bat. durante l'assalto turco al campo imperiale.

49) 1715 (I.R. 3) Inhaber: Franz S. Pr.von Lothringen (**Jung-Lothringen**)

Uniforme nel 1716: *Gemeiner*

Gallone Tri.	*Rock*	Paramani	Fodera	*Kamisol*	Brache	Calze	Cravatta	Bottoni
Bianco	Bianco	Bianco	Bianco	Scarlatto	Bianco	Bianco	Scarlatto	Ottone

Storia reggimentale:
Reclutato come il precedente dal principe elettore di Treviri in Svevia e Westfalia e completato con altre reclute dalla Germania. Dal 1716, non ancora completo, si trova nel Banato, dove partecipa ai maggiori scontri fino al 1717.

50) 1715 (I.R.10) Inhaber: F. H. Pr.von Württemberg (**Jung-Württemberg**); dal 1717: Friedrich Ludwig Pr.von Württemberg (**Jung-Württemberg**)

Uniforme nel 1716: *Gemeiner*

Gallone Tri.	*Rock*	Paramani	Fodera	*Kamisol*	Brache	Calze	Cravatta	Bottoni
Bianco	Bianco	Carminio	Bianco	Bianco	Bianco	Bianco	Scarlatto	Ottone

Storia reggimentale:
Reclutava in Boemia e completato con reclute dei disciolti reggimenti degli altri stati tedeschi. Dal 1716 con l'armata del Banato. A Peterwardein perde il proprio comandante (ObLt. von Streithorst). Assedio di Temesvar e di Belgrado (1717).

51) 1715 (disciolto nel 1809) Inhaher: Franz Paul Gr.von Wallis (**Jung-Wallis**); dal 1717: Johann Paulus von **Geyer**

Uniforme nel 1716: *Gemeiner*

Gallone Tri.	*Rock*	Paramani	Fodera	*Kamisol*	Brache	Calze	Cravatta	Bottoni
Bianco	Grigio perla	Blu scuro	Blu scuro	Blu scuro	Blu scuro	Grigio perla	Scarlatto	Ottone

Storia reggimentale:
Reclutava in Alta Austria e in Stiria. Si segnala all'assedio di Temesvar. Di presidio in Transilvania dal 1717.

52) 1715 (I.R.49) Inhaber: Christoph EPr.von Baden-**Durlach**

Uniforme nel 1717: *Gemeiner*.Note: *Korporal* e *Feldwebel* con gallone argento al tricorno; *Offizier* con gallone oro al tricorno e calze rosso carminio; *Spielleute* con *Rock* rosso carminio con doppio gallone giallo-rosso, paramani bianchi senza bottoni.

Gallone Tri.	*Rock*	Paramani	Fodera	*Kamisol*	Brache	Calze	Cravatta	Bottoni
Bianco	Bianco	Carminio	Bianco	Bianco	Bianco	Bianco	Scarlatto	Ottone

Storia reggimentale:

Reggimento reclutato dal Mgr. di Baden-Durlach nei territori del proprio stato. Partecipa alla campagna del Banato.

53) 1715 (disciolto nel 1721) Inhaber: L. Frh.von **Trautsohn** Gr.von Falkenstein
Uniforme nel 1717: *Gemeiner.*

Gallone Tri.	*Rock*	Paramani	Fodera	*Kamisol*	Brache	Calze	Cravatta	Bottoni
Bianco	Bianco	Scarlatto	Bianco	Bianco	Bianco	Bianco	Scarlatto	Ottone

Feldwebel sotto *Spielleute.*

Gallone Tri.	*Rock*	Paramani	Fodera	*Kamisol*	Brache	Calze	Cravatta	Bottoni
Bianco	Bianco	Scarlatto	Bianco	Scarlatto	Scarlatto	Bianco	Scarlatto	Ottone
Bianco	Scarlatto	Bianco	Bianco	Scarlatto	Scarlatto	Bianco	Bianco	Ottone

Storia reggimentale:

Reclutato in Tirolo. Dal 1716 con l'armata del Banato.

54) 1715 (disciolto nel 1721) Inhaber: Franz Gr.von Hönsbröck-**Ghelen**; dal 1716 Johann Gr. von **Livingstein**
Uniforme nel 1716: *Gemeiner*

Gallone Tri.	*Rock*	Paramani	Fodera	*Kamisol*	Brache	Calze	Cravatta	Bottoni
Giallo	Bianco	Blu scuro	Bianco	Bianco	Bianco	Bianco	Scarlatto	Ottone

Storia reggimentale:

Reclutato con soldati provenienti dai disciolti reggimenti degli altri stati della Germania e con reclute della Slesia. Dal 1716 partecipa alla campagna del Banato.

55) 1716 (I.R.26) Inhaber: F. W. Mgr.von Brandenburg-**Onolzpach** Bayreuth
Uniforme nel 1717: *Gemeiner*

Gallone Tri.	*Rock*	Paramani	Fodera	*Kamisol*	Brache	Calze	Cravatta	Bottoni
Giallo	Bianco	Scarlatto	Bianco	Bianco	Bianco	Bianco	Scarlatto	Ottone

Storia reggimentale:

Reclutato nei territori della signoria di Onolzpach (Ansbach) e con reclute dai vari stati tedeschi. Dalla primavera del 1717 si trova nel Banato. Assedio di Belgrado. L'anno seguente è di presidio nel Napoletano.

FREI-KORP E BATTALION (CORPI FRANCHI E BATTAGLIONI):

i) 1702 (Disciolto nel 1704) Inhaber:Johann De **Guethen** Uniforme: n.d.
Storia reggimentale:
Corpo franco reclutato in Stiria dal proprio comandante, un nobile Vallone che era anche inventore di un nuovo sistema di ponti militari di scarso successo. Dal 1702 è in Italia; combatte a Luzzara. Una volta disciolto ufficiali e soldati confluiscono nel Regg. Jung-Daun (n°24).

ii) 1702 (disciolto nel 1706) Inhaber: Peter Ernst Frh. **D'Albon**
Storia reggimentale:
Reclutato in Alta Austria, poi dal 1705 anche in Baviera. Con un organico di 4 compagnie moschettieri e una di granatieri, nel 1703 è inviato nell'Austria anteriore. Dal 1705 è in Italia e incrementa l'organico con altre 4 compagnie. In Baviera dal 1706 viene disciolto e fatto confluire nei Regg. Baden (n°8) e Thuengen (n°17). Il proprio Inhaber passa poi al servizio dello zar di Russia.

iii) 1703 (disciolto nel 1704) Inhaber: Karl von **Worbeser** Uniforme: n.d.
Storia reggimentale:
Otto compagnie moschettieri reclutate in Austria e Slesia; nel 1703 sono inviate sul Reno. Confluiscono poi nei reggimenti Baden (n°8) e Deutschmeister (n°32)

▲ **L'episodio cruciale della battaglia di Denain, del 24 luglio 1712,** in un dipinto ottocentesco, che mostra la fanteria francese, guidata da duca di Villars, nello sfondamento del centro avversario. Il cedimento di un muro di contenimento, dietro il quale era schierata la fanteria olandese, provocò la rotta degli alleati. Denain segnò il punto d'arresto dell'offensiva austro-olandese nella Francia orientale e determinò il fallimento della strategia messa a punto dal Principe Eugenio per entrare a Parigi.

Marshal Villars leads the French charge at the Battle of Denain of July 24th, 1712.

HAYDUCKEN REGIMENTER ZU FUSS (REGG. DI FANTERIA UNGHERESE)

H1) 1695 (disciolto nel 1697) Inhaber:Janos Frh. **Praschinsky**
Storia reggimentale:
All'anno di formazione si trovava con l'armata d'Ungheria. Alla data di scioglimento è di presidio in Transilvania.

H2) 1697 (disciolto nel 1700) Inhaber: Nikolaus Gr. von **Palffy**-Erdödy
Uniforme nel 1697: *Gemeiner*. Note:*Gemeiner* con *Sabeltasche* in cuoio rosso cremisi, pistagna bianca sul petto dell'Attila.

Attila	Paramani	Colletto	Cordini	Pantaloni	Cravatta	Olive
Blu-azzurro	Scarlatto	Scarlatto	Scarlatto	Scarlatto	Nero	Scarlatto

Storia reggimentale:
Come il precedente si trovava in Ungheria contro gli Ottomani. Prende parte all'assedio di Bihac ed alla battaglia di Zenta (1697). Dopo lo scioglimento ufficiali e soldati confluiscono nel Regg. Anhalt-Dessau (21).

H3) 1702 (disciolto nel 1706) Inhaber: Isztvan Gr. **Andrassy**
Uniforme nel 1703: *Gemeiner*. Note: pistagna bianca al colletto e ai paramani.

Attila	Paramani	Colletto	Cordini	Pantaloni	Cravatta	Olive
Blu-azzurro	Blu-azzurro	Blu-azzurro	Bianco	Blu-azzurro	Nero	Bianco

Storia reggimentale:
Dal febbraio del 1703 è aggregato all'armata d'Italia probabilmente ancora incompleto. Partecipa ad alcune azioni di retroguardia e di disturbo fino al 1704; un piccolo distaccamento fa parte della guarnigione di Mirandola durante l'assedio del 1704-05. Per la mancanza di complementi e per le continue diserzioni viene disciolto e fatto confluire nel Regg. Bagosy (H5).

H4) 1702 (disciolto nel 1706) Inhaber: Adam Gr. von **Battyanyi**; dal 1703 Fèrenc Gr. von **Battyanyi**
Uniforme nel 1703: *Gemeiner*

Attila	Paramani	Colletto	Cordini	Pantaloni	Cravatta	Olive
Blu-azzurro	Carminio	Carminio	Bianco	Carminio	Nero	Carminio

Storia reggimentale:
Come il precedente é inviato all'armata d'Italia; partecipa agli scontri di Brescello, Ostiglia e a Finale di Modena (1703). Una comp. viene inviata nel Tirolo meridionale nell'inverno del 1703-04, quindi rientra in Lombardia. Un'altra Comp. fa parte della guarnigione di Mirandola durante 1' assedio del 1704-05. Come il precedente reggimento subisce la stessa sorte il 17 agosto del 1706.

H5) 1702 (I.R.51) Inhaber: Pal Frh.von Baboczay (**Bagosy**); dal 1707
Fèrenc Gr.von **Gyulai**
Uniforme nel 1703: *Gemeiner* Note:Gemeiner: piumetto di crine di cavallo nero.

Attila	Paramani	Colletto	Cordini	Pantaloni	Cravatta	Olive
Blu-azzurro	Scarlatto	Scarlatto	Scarlatto	Scarlatto	Nero	Scarlatto

Storia reggimentale:
Come i precedenti, dalla primavera del 1703, si trovava con l'armata d'Italia. Diventerà il più antico dei Regg. ungheresi nella tradizione dell'esercito austro-ungarico. Un distaccamento partecipa alla difesa di Ivrea (1704) e alla battaglia di Torino (1706). Nel maggio del 1707 il proprio Inhaber diserta al partito dei ribelli ungheresi del principe Rákóczy. Nel corso dello stesso anno partecipa all'assedio di Tolone. Nel 1708 alcune Comp. fanno parte del corpo d'occupazione della legazione di Ferrara, durante la crisi con lo Stato della Chiesa. Nel 1709 rientra al completo in Lombardia. Resta di presidio a Mantova fino ai termine della guerra.

▲ Antica mappa della Transilvania e dell'Ungheria. Incisione di M.Merian da Theatrum Europeum .
Collezione dell'autore

Ancient map of Hungary and Transylvania. Plate of M.Merian from Theatrum Europeum. Author collection.

H6) 1703 (disciolto nel 1705) Inhaber: Sandor **Molnar**
Storia reggimentale:
Dalla data di formazione viene inviato all'armata del Reno. Di presidio in Austria anteriore fino al 1704.
Decimato dalle diserzioni viene disciolto nel gennaio dell'anno seguente.

H7) 1710 (disciolto nel 1711) Inhaber: Emmerich **Neumann**
Storia reggimentale:
Formato in Ungheria con reclute di disciolti reparti dei ribelli 'Koruc". L'anno seguente raggiunge l'Italia,
ancora assai incompleto, per essere disciolto e fatto confluire nel Regg. Giulay (H5).

CROATER (Croati):
Cri) 1702 (disciolto nel 1705) Inhaber: Jan **Mallenich**
Uniforme nel 1704, *Gemeiner*: copricapo in feltro nero; giacca alla dalmata blu-azzurro; brache e veste rosso
carminio; cordini bianchi, bottoni ottone.
Storia reggimentale:
Battaglione reclutato in Croazia,in un primo tempo su un organico di 6, poi di 8 Comp. Dal 1703 si trovava
in Lombardia con l'armata d'Italia. Partecipa alla difesa di Ivrea (1704), 1' anno seguente viene disciolto.

IRLÄNDISCH REGIMENT ZU FUSS (REGGIMENTO DI FANTERIA IRLANDESE)

Iri) 1703 (disciolto nel 1705) Inhaber: Andreas Gr.von **Hamilton**
Storia reggimentale:
Nonostante la presenza degli irlandesi nell'esercito imperiale risalisse ad ancora prima della guerra dei trent'anni, la creazione di un intero reggimento fu tentata solo nei primi mesi del 1703, quando con reclute già presenti nell'armata d'Italia, e con le speranza di favorire la diserzione degli irlandesi dell'esercito franco-spagnolo - fu costituito un primo nucleo di truppe, composto da 4 compagnie moschettieri. Il comando fu affidato a un ufficiale di origini irlandesi che si era distinto durante le campagne in Lombardia negli anni precedenti. Dall'autunno del 1704 gli irlandesi partecipano alla difesa di Mirandola, i superstiti finiscono prigionieri dei Franco-spagnoli nel giugno del 1705.

▲　　**Reggimento Browne** *zu Fuss* **(25),** in un disegno a colori di Richard Knotel, tratto - come il precedente a pag. 22 - dalle illustrazioni del regolamento reggimentale del 1717. Da sinistra a destra: *Grenadier Hauptmann; Obristwachtmeister; Obrist; Musketier Lieutenant.*

Regiment of infantry Graf Brown in 1717. from Left to the right: officer of grenadiers, colonel commander, obrist and lieutenant. Table of R.Knötel

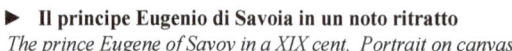

►　　**Il principe Eugenio di Savoia in un noto ritratto**
The prince Eugene of Savoy in a XIX cent. Portrait on canvas

A

TAVOLA A

TAVOLA B

TAVOLA C

D

B.Magnai & L.Cristini

TAVOLA D

E

TAVOLA E

F1- Grenadier Gemeiner: reggimento Luccini, 1714.
F2- Obrist Wachtmeister di un reggimento di fanteria vallona, ca. 1710.
F3- Regiments-Tambour, Reg.t zu Fuss Regal (23), ca. 1711.
e stemma dei Regal von Kranichfeld

Regal von Kranichfeld

F1

F2

F3

B.Mugnai & L.Cristini

TAVOLA F

Uniformi della Fanteria 1717-20

(a sinistra soldato a destra sottufficiale - Ghette bianche per tutti)

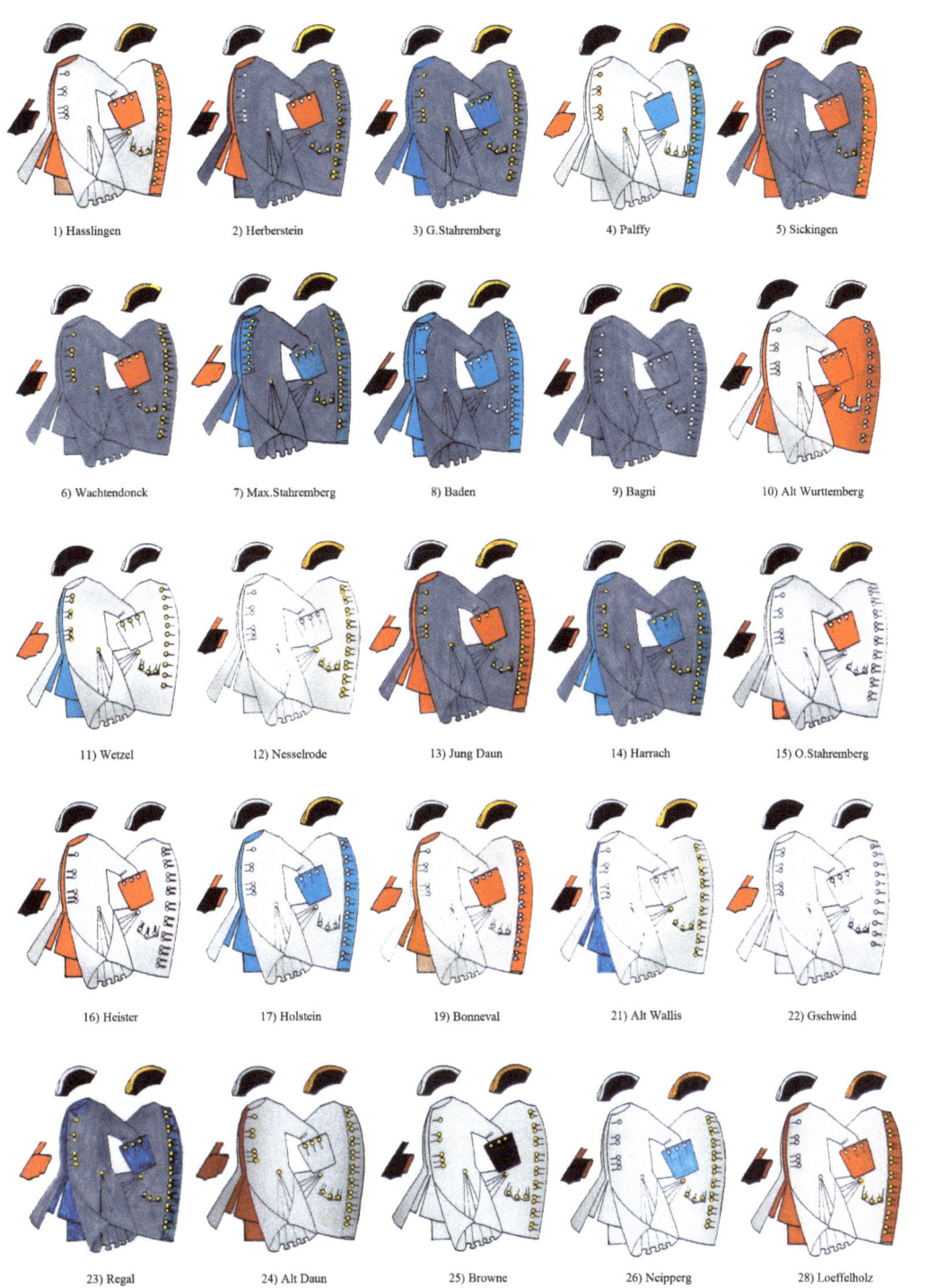

1) Hasslingen

2) Herberstein

3) G.Stahremberg

4) Palffy

5) Sickingen

6) Wachtendonck

7) Max.Stahremberg

8) Baden

9) Bagni

10) Alt Wurttemberg

11) Wetzel

12) Nesselrode

13) Jung Daun

14) Harrach

15) O.Stahremberg

16) Heister

17) Holstein

19) Bonneval

21) Alt Wallis

22) Gschwind

23) Regal

24) Alt Daun

25) Browne

26) Neipperg

28) Loeffelholz

TAVOLA G

Uniformi della Fanteria 1717-1720

(a sinistra soldato a destra sottufficiale - ghette bianche per tutti)

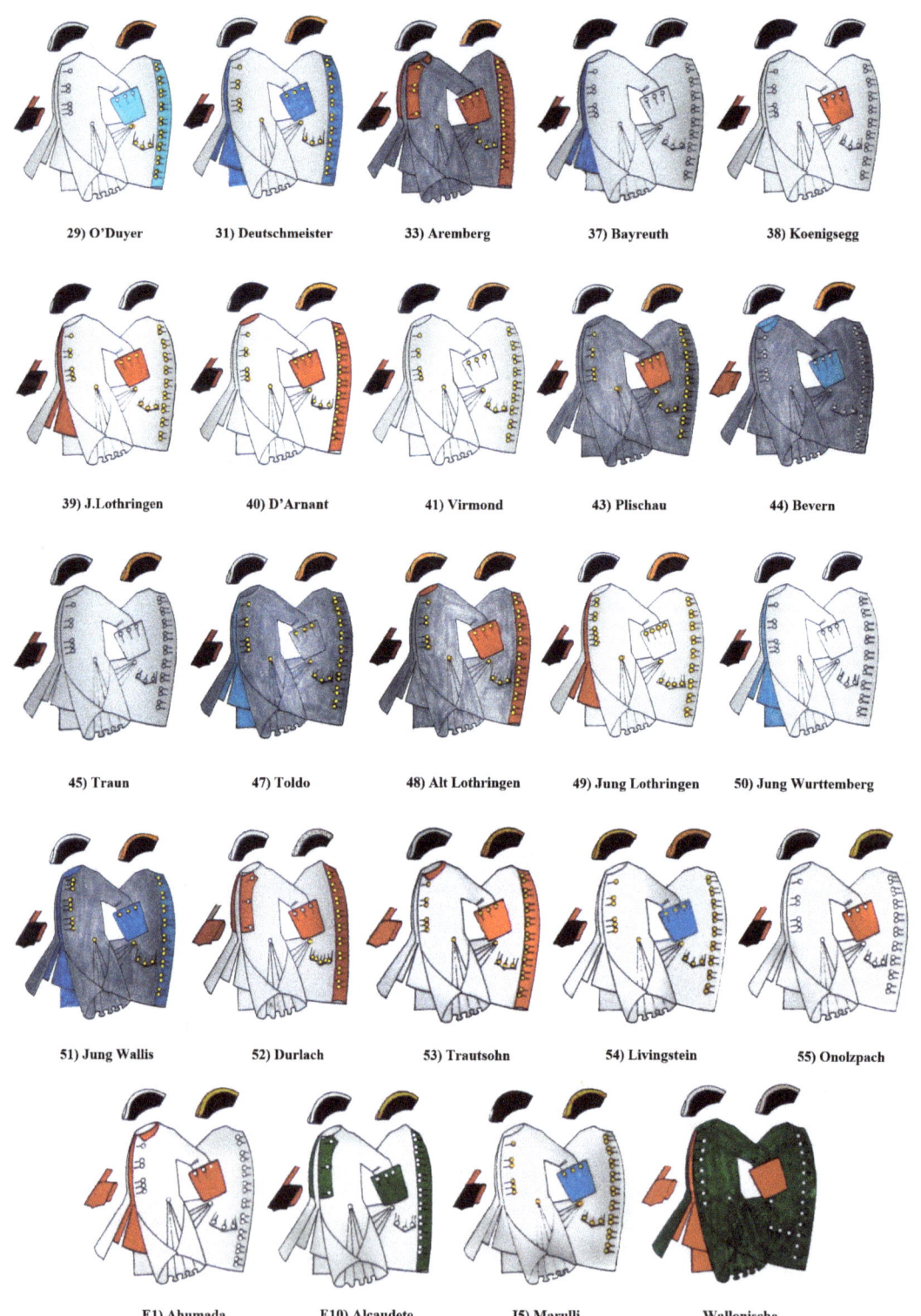

29) O'Duyer   31) Deutschmeister   33) Aremberg   37) Bayreuth   38) Koenigsegg

39) J.Lothringen   40) D'Arnant   41) Virmond   43) Plischau   44) Bevern

45) Traun   47) Toldo   48) Alt Lothringen   49) Jung Lothringen   50) Jung Wurttemberg

51) Jung Wallis   52) Durlach   53) Trautsohn   54) Livingstein   55) Onolzpach

E1) Ahumada   E10) Alcaudete   I5) Marulli   Wallonische

TAVOLA H

SCHWEIZERISCH REGIMENTER ZU FUSS (REGG. FANTERIA SVIZZERA):

S1) 1691 (licenziato nel 1699) Inhaber: Johann Bürkly

Uniforme nel 1696: *Gemeiner*. A seguire *Offizier*. note:*Obrist-Wachtmeister* con tricorno in feltro bianco e piumetto nero; corazza di acciaio naturale; al *Rock* e al *Kamisol* gallone giallo-oro.

Gallone Tri.	Rock	Paramani	Fodera	Kamisol	Brache	Calze	Cravatta	Bottoni
Bianco	Grigio	Vermiglio	Vermiglio	Vermiglio	Pelle nat.	Vermiglio	Scarlatto	Ottone
Oro	Blu azzurro	Scarlatto	Scarlatto	Scarlatto	Scarlatto	Bianco	Bianco	Oro

Storia reggimentale:
Inizialmente destinato di presidio a Freiburg, poi in Ungheria, di nuovo sul Reno dopo il combattimento di Olaschin (1696) Di presidio a Freiburg dal 1697.

S2) 1701 (licenziato nel 1719) Inhaber: H. von Erlach; dal 1714 Paul Tillier

Uniforme nel 1702: *Gemeiner*. A seguire *Offizier*. Ufficiali superiori e *Hauptmann* gallone giallo-oro al *Rock*; Lieutenant e *Fähnrich* gallone argento.

Gallone Tri.	Rock	Paramani	Fodera	Kamisol	Brache	Calze	Cravatta	Bottoni
-	Grigio	Blu scuro	Blu scuro	Scarlatto	N.d	Scarlatto	Bianco	Peltro
Oro	Bianco	Blu scuro	Bianco	Scarlatto	Scarlatto	Scarlatto	Bianco	Oro

Storia reggimentale:
Reclutato nei cantoni di Berna e Lucerna. Di presidio a Freiburg dal 1702. Nel 1706 riduce gli organici dimezzando il numero di uomini. Nel 1713 si distingue a Freiburg.

S3) 1701 (licenziato nel 1719) Inhaber: Joseph Friedrich Gr.von Diesbach

Uniforme nel 1702: *Gemeiner*. A seguire: *Korporal*, note: ai paramani gallone bianco; asta dell'alabarda cannellata di bianco e di rosso; *feldwebel*,note: al *Rock* bottoniere bianche; bottoni ottone al *Kamisol*; il resto come il *Korporal*. *Spielleute*, al *Rock* gallone quadrettato di bianco e di rosso; cassa del tamburo bianca con fiamme di rosso; bandoliera del tamburo scaccata di bianco e di rosso

Gallone Tri.	Rock	Paramani	Fodera	Kamisol	Brache	Calze	Cravatta	Bottoni
Bianco	Grigio bianco	Scarlatto	Scarlatto	Scarlatto	Grigio bianco	Bianco	Bianco	Ottone
Bianco	Cremisi	Cremisi	Blu scuro	Blu scuro	Blu scuro	Scarlatto	Bianco	Ottone
Bianco	Cremisi	Cremisi	Blu scuro	Blu scuro	Blu scuro	Scarlatto	Bianco	Stagno
Bianco	Cremisi	Blu scuro	Blu scuro	Blu scuro	Blu scuro	Scarlatto	Bianco	Ottone

Lieutenant e *Hauptmann* a seguire *Obrist-Wachtmeister*. Note: Il gallone al tricorno degli ufficiali quadrettato di bianco e di rosso; *Lieutenant* e *Hauptmann*, gallone giallo-oro al *Rock*; *Obrist-Wachtmeister* tricorno di feltro bianco con piumette grigie; il resto come gli altri ufficiali.

Gallone Tri.	Rock	Paramani	Fodera	Kamisol	Brache	Calze	Cravatta	Bottoni
Bianco rosa	Bianco	Scarlatto	Scarlatto	Pelle nat.	Pelle nat.	Scarlatto	Bianco	Oro
Bianco rosa	Bianco	Scarlatto	Scarlatto	Scarlatto	Pelle nat.	Scarlatto	Bianco	Oro

Storia reggimentale:
Reclutato nei cantoni di Berna e Zurigo. Come il precedente subisce la riduzione dell'organico nel 1706. Nel 1713 di presidio a Konstanz.

Si) 1704 (passa al servizio spagnolo per Carlo III nel 1708. Poi licenziato nel 1713) Inhaber: Johann Du Buol von Riedburg (Graubund)

Uniforme nel 1708: *Gemeiner*. Note: *Grenadier Pelzmütze* con piastra frontale ottone; borsa rosso carminio con gallone e nappa bianchi. *Korporal* come *Gemeiner*, ma con bottoniere rosso scarlatto al *Rock* e ai parmani; asta dell'alabarda a spirali di giallo e di nero. *Offizier* come *Gemeiner*, ma con gallone giallo-oro al *Rock* e al tricorno. *Grenadier Offizier* come *Gemeiner*, ma con la borsa del *Pelzmütze* azzurra con gallone e nappa giallo oro. *Stab Offizier* come gli altri ufficiali, ma al tricorno piumette bianche.

Gallone Tri.	Rock	Paramani	Fodera	Kamisol	Brache	Calze	Cravatta	Bottoni
Bianco	Grigio	Scarlatto	Scarlatto	Giallo	Giallo	Carminio	Bianco	Ottone

Storia reggimentale:
Detto comunemente 'Graubund' perché reclutato nei Grigioni, con un organico di 5 compagnie è di presidio a Konstanz. Nel 1707 raggiunge la Lombardia, dove una parte confluisce nel Regg. Bonesana (vedi I2); il rimanente è aumentato a 8 compagnie per formare due battaglioni e una compagnia granatieri. In catalogna dal 1708; un Bat. combatte a Almenara, Saragossa e Villaviciosa (1710) e alla difesa di Cardona (1711).

SPANISCH REGIMENTER ZU FUSS (REGGIMENTI DI FANTERIA SPAGNOLA):

Queste unità erano originariamente considerate quali truppe del pretendente asburgico al trono di Spagna: l'arciduca Carlo. In questa lista sono quindi compresi anche i Regg. italiani e valloni che figuravano nelle rassegne come unità della corona di Carlo III re di Spagna. Nel 1714 i contingenti rimasti furono inquadrati, al pari dei Regg. di fanteria tedesca, nell'esercito di Casa d'Austria.

Reggimenti catalani e spagnoli:
E1) 1704 (disciolto nel 1721) Des./Inhaber: de **Almirante De Castilla;** dal 1707 **Guardias de Castilla;** dal 1710 don Jaun Cm. De **Ahumada** y Cardenas

Uniforme nel 1716: *Gemeiner.* Note: ai paramani solo due bottoni; colletto del *Rock* con patta carminio; al Kamisol bottoni di stoffa rosso carminio.

Gallone Tri.	Rock	Paramani	Fodera	Kamisol	Brache	Calze	Cravatta	Bottoni
Bianco	Bianco	Carminio	Bianco	Carminio	Bianco	Bianco	Scarlatto	Bianco

Storia reggimentale:
Formato in Portogallo all'indomani dell'arrivo dell'arciduca Carlo. Nel 1705 è in Catalogna. A Valencia poi a Barcellona fino al 1707. Combatte ad Almenara, Saragossa e Villaviciosa (1710). Combattimenti nello Ampurdan (1711). Difesa di Barcellona (1713-14). Ridotto a soli 300 uomini lascia la Catalogna e viene inviato di presidio in Ungheria. Si distingue a Belgrado.

E2) 1705 (disciolto nel 1714) Designazione: **Reales Guardias Catalanas** dal 1709 (**Guardias Reales**)
Storia reggimentale:
Reclutato dai nobili lealisti filo-asburgici in Catalogna, all'indomani dell'arrivo a Barcellona dell'arciduca Carlo nel novembre del 1705. Nel 1708 aveva uno stato maggiore di 60 ufficiali, quasi uno ogni quattro soldati. Nonostante negli ordini di battaglia sia considerato come reggimento, lo stato di forza dell'unità non supera gi effettivi di un singolo battaglione. Primo combattimento di Belaguer (1709); 1'anno seguente combatte ancora a Belaguer, poi ad Almenara, Saragossa e Villaviciosa (1710). Combattimenti sull'Ebro e nello Ampurdan (1711). Difesa di Barcellona (1713-14). Allo scioglimento, ufficiali e soldati confluiscono nei reggimenti. Ahumada (vedi E1) e Alcaudete (vedi E10).

E3) 1705 (disciolto nel 1714) Inhaber/Designazione: Joseph Cm. de Paguera (**La Reina**); dal 1707 Jean Cm.de **Noyelles**; dal 1710 F. Gr. von **Tattenbach**
Storia reggimentale:
Formato con reclute catalane e in seguito del Regno di Napoli. Difesa di Gerona (1710-11) e combattimento di Tortosa (1711).

▶ **Le fortificazioni della Verrua,** difese dagli austro-piemontesi dall'ottobre 1704 all'aprile 1705. Il lungo assedio a questa importante posizione strategica degli alleati, costituì uno degli episodi decisivi della guerra in Italia settentrionale. La tenace difesa incontrata alla Verrua costrinse i franco-spagnoli a rimandare di quasi un anno l'investimento di Torino. Al termine dei combattimenti, gli alleati avevano perso 7.200 uomini, dei quali 3.695 soldati di fanteria imperiale, appartenente al corpo agli ordini del conte Guidobald von Stahremberg; nello schieramento opposto l'armata franco-spagnola subì la perdita di quasi 30.000 uomini.

The fortress of Verrua in Italy, under siege from October 1704 to April 1705.

◀ **Battaglia di Saragozza, combattuta il 20 agosto 1710,** fra l'armata di Catalogna - al comando del generale Guidobald Stahremberg - e i franco-spagnoli agli ordini del maresciallo De Bay. Sfruttando il vantaggio ottenuto il 27 luglio ad Almenara, Stahremberg respinse la pressione avversaria su Barcellona e penetrò con successo in Aragona, dove sconfisse gli avversari al termine di un serrato inseguimento.

Saragossa battle. August, 20 1710

E4) 1705 (disciolto nel 1714) Designazione: de **La Deputacion** de Catalunya
Storia reggimentale:
Presidio in Catalogna, prima a Cardona (1711), dove partecipa alla difesa della città, e poi a Barcellona.

E5) 1705 (disciolto nel 1714) Designazione: de **La Ciudad** de Barcelona
Storia reggimentale:
Di presidio a Gerona, dove una parte del reggimento resta prigioniero alla resa della città (1711). Difesa di Barcellona (1713-14).

E6) 1706 (disciolto nel 1709) Designazione: de la Ciudad de **Valencia**
Storia reggimentale:
Formato a Valencia. Ripartito fra i presidi di Requena, Murcia e Cartagena. Con la caduta delle città nel 1707 il reggimento subisce la perdita di quasi tutte le compagnie (gli ufficiali superstiti sono condannati a morte). Confluisce nel 1709 nel reggimento Richardi (E9).

E7) 1706 (disciolto nel 1709) Designazione: del **Reino de Valencia;** dal 1707 de **Arragon**
Storia reggimentale:
Reclutato a Valencia e Murcia. Forti perdite agli assedi di Cartagena, Murcia e della stessa Valencia. Disciolto e fatto confluire nel Regg. Richardi (E9).

E8) 1706 (disciolto nel 1711) Inhaber/Designazione: regg. della Ciudad de **Cartagena** dal 1708: don Diego de **Rejon** de Silva; dal 1710 de **Alcantarilla.**
Storia reggimentale:
Reclutato nel Regno di Valencia e in Catalogna. Difesa di Valencia, di Cartagena (1707) e di Gerona (1710-11). Un Bat. è assegnato al 'corpo volante' del FML Sormani nel 1711-12. Di guarnigione a Tarragona fino alla pace di Rastatt (1714).

E9) 1706 (disciolto nel 1710) Inhaber: **Richardi**
Storia reggimentale:
Ultimo dei reggimenti formati nel 1706 in Catalogna e nel Valenciano. Un Bat. è alla difesa di Alicante (1708) dove viene catturato alla resa della città. Riformato con i resti dei reggimenti di Valencia (E6 e E7) è di presidio a Barcellona, dove infine confluisce nel Regg. Ahumada (E1).

E1O) 1707 (disciolto nel 1721) Designazione/Inhaber: Reggimento de la Ciudad de **Zaragossa**; dal 1708 don Jorge **Pertus**; dal 1711 don Rafael Cm. de **Alcaudete**

Uniforme nel 1716: *Gemeiner*

Gallone Tri.	*Rock*	Paramani	Fodera	*Kamisol*	Brache	Calze	Cravatta	Bottoni
Bianco	Bianco	Verde	Bianco	Bianco	Bianco	Scarlatto	Scarlatto	Bianco

Storia reggimentale:
Formato nei primi mesi del 1707 dalla municipalità di Saragossa. Di presidio a Terragona e Barcellona (1708). Dal 1714 in Ungheria. Combatte a Peterwardein, Temesvar (1716) e a Belgrado (1717).

E11) 1708 (disciolto nel 1711) Inhaber: Friedrich von **Schober**
Storia reggimentale:
Nei primi documenti è indicato come 'reggimento tedesco', formato probabilmente con reclute di disciolti reggimenti tedeschi che erano stati - come il proprio *Obrist Inhaber* - al servizio di Filippo d'Anjou. Combattimenti sull'Ebro e scontri in Aragona (1711). Nel 1712 è con il `Corpo volante' del FML Sormani sul confine settentrionale catalano.

E12) 1708 (disciolto nel 1710) Inhaber: **Whiters**

E13) 1708 (disciolto nel 1710) Inhaber: **Richards**
Cenni storici:
In un ordine di battaglia del 1709 entrambi i regg. vengono indicati come *irlandesi*, ma non vi sono informazioni.

E14) 1709 (disciolto nel 1713) Designazione: Gasco de **Grenada**
Storia reggimentale:
Formato a Gerona nell'autunno del 1709. Di presidio a Cardona fino al 1711, poi di guarnigione a Barcellona.

E15) 1711 (disciolto nel 1714) Inhaber: don Manuel José Cm.de **Borda** y Arragon
Storia reggimentale:
Formato con la riunione delle compagnie autonome reclutate dai nobili filo-asburgici fra la fine del 1710 e primi mesi del 1711 e con volontari aragonesi raccolti per iniziativa del marchese del Rio. Probabilmente non giunge al completamento degli effettivi, che avrebbero dovuto essere superiori a quelli degli altri reggimenti. 200 uomini sono inviati in Sardegna nel novembre del 1712. Partecipa alla difesa di Barcellona (1713-14).

E16) 1711 (disciolto nel 1714) Inhaber: Don Cristobal de **Ibarra**
Storia reggimentale:
Come il precedente Regg. era stato formato con le compagnie autonome reclutate dai nobili lealisti e con 5 compagnie arruolate nel Napoletano. Nel novembre del 1712 200 uomini sono inviati in Sardegna. Una volta disciolto confluisce, assieme al precedente, parte nel Bat.Savoyen (Iii) e parte nei regimenti Faber (I4), Marulli (I5), Ahumada (E11) e Alcaudete (E16).

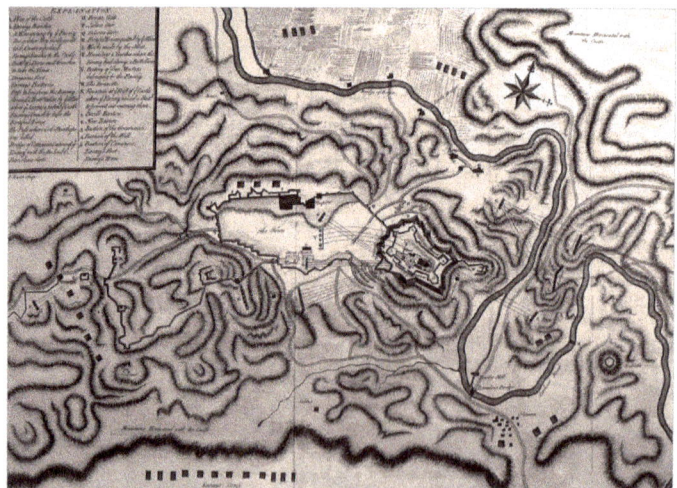

◄ **Assedio di Cardona.** Difesa da una guarnigione di 8.000 uomini agli ordini del Feldmarschall Lieutenant Johann Adam von Wetzel, dal novembre del 1712 al gennaio successivo, Cardona fu liberata dall'assedio dal Feldmarschall Guidobald Stahremberg. Collezione Cristini

Siege of Cardona (Spain) of November 1712 to January 1713

ITALIENISCH REGIMENTER ZU FUSS (REGGIMENTI DI FANTERIA ITALIANI):

I1) 1707 (disciolto nel 1725) Inhaber: Matteo mar. **Luccini**

Uniforme nel 1714: *Gemeiner*

Gallone Tri.	*Rock*	Paramani	Fodera	*Kamisol*	Brache	Calze	Cravatta	Bottoni
N.d.	Grigio perla	Blu scuro	N.d.	N.d.	N.d.	N.d.	N.d.	N.d.

Storia reggimentale:

Reclutato in Lombardia e completato con prigionieri di guerra dell'esercito spagnolo di Filippo di Borbone. Nella primavera del 1708 viene imbarcato per la Catalogna. Di presidio a Barcellona, poi con l'armata campale. Partecipa all'attacco di Belaguer, alla battaglia di Almenara e Saragossa; si segnala alla battaglia di Villaviciosa (1710). Nel 1712 è di presidio nello Ampurdan. Al termine della guerra di Successione Spagnola rientra in Lombardia.

I2) 1707 (disciolto nel 1712) Inhaber: Mar. **Bonesana**; dal 1708 Franz Robert Gr. von **Taafe**.

Storia reggimentale:

Come il precedente era stato reclutato in Lombardia con reclute locali e parte del Bat. Graubund (vedi Si). In Catalogna dal 1708. Nel 1710, durante i combattimenti a Belaguer, due compagnie al comando di un uff. (Hpt Porro), respingono un assalto al sito fortificato di Calaf. Combatte ad Almenara, Saragossa e a Villaviciosa (1710). Nel 1711 partecipa alla difesa dello Ampurdan; quindi l'anno seguente è di presidio a Terragona e Barcellona. Dopo lo scioglimento ufficiali e soldati confluiscono nel Regg. Luccini (I1).

I3) 1707 (disciolto nel 1713) Inhaber: Francesco Br.de **Ferrer**

Storia reggimentale:

Formato a Napoli con reclute locali e prigionieri di guerra dell'esercito di Filippo di Borbone. In Catalogna dall'estate del 1708. Partecipa allo scontro di Belaguer (1710); un Bat. combatte a Villaviciosa, dove subisce forti perdite. Difesa di Barcellona (1713-14).

I4) 1708 (disciolto nel 1721) Inhaber: Luigi De **Faber**

Uniforme nel 1717: *Gemeiner*

Gallone Tri.	*Rock*	Paramani	Fodera	*Kamisol*	Brache	Calze	Cravatta	Bottoni
N.d.	Grigio perla	Scarlatto	N.d.	N.d.	N.d.	N.d.	Scarlatto	N.d.

Storia reggimentale:

Reclutato nell'Italia del sud e, come il precedente, completato con ex soldati spagnoli dei presidi del Regno di Napoli. Operazioni contro lo Stato della Chiesa (1708). Dal 1709 in Catalogna; combattimenti a Belaguer. Almenara, Saragossa e Villaviciosa (1710). Nel 1714 rientra nel Napoletano. Dal 1716 all'armata d'Ungheria; un Bat. combatte a Peterwardein e all'assedio di Temesvar. L'anno seguente il secondo Bat. si ricongiunge col primo a Belgrado.

I5) 1711 (disciolto nel 1721) Inhaber: Francesco mar. De **Marulli**

Uniforme nel 1717: *Gemeiner*

Gallone Tri.	*Rock*	Paramani	Fodera	*Kamisol*	Brache	Calze	Cravatta	Bottoni
-	Bianco	Blu scuro	Bianco	Bianco	Bianco	Bianco	Scarlatto	Ottone

Storia reggimentale:

Come il precedente reclutato nel Regno di Napoli. Dall'estate del 1711 in Catalogna. Al termine della guerra rientra a Napoli per poi raggiungere l'armata d'Ungheria. Partecipa ai maggiori scontri fino al 1717.

Ii) 1710 (disciolto nel 1718) Inhaber: de **Barbon**

Uniforme nel 1708: *Gemeiner*

Gallone Tri.	*Rock*	Paramani	Fodera	*Kamisol*	Brache	Calze	Cravatta	Bottoni
-	Grigio perla	Scarlatto	N.d.	N.d.	N.d.	N.d.	N.d.	N.d.

Storia reggimentale:

Battaglione o reggimento reclutato nel Regno di Napoli per il servizio di fanteria di marina. Dal 1710 è di presidio a Napoli, poi in Sardegna.

Iii) 1711 (disciolto nel 1719) Inhaber: Pius Pr.von **Savoyen** Gr.von Soissons; dal 1716 **Carreri**
Storia reggimentale:
Battaglione formato in Sardegna per prevenire i tentativi Franco-spagnoli di sbarcare contingenti nell'isola.
Come il precedente formato per il servizio di fanteria di marina.

NIEDERLÄNDISCH REGIMENTER ZU FUSS (REGGIMENTI DI FANTERIA VALLONI)

V1) 1706 (disciolto nel 1725) Inhaber: Leopold Philipp Epr. **D'Aremberg**; dal 1716 Claude Pr. **de Ligne**
V2) 1706 (disciolto nel 1785) Inhaber: Joseph Mar. de **Lorpin**
V3) 1706 (disciolto nel 1725) Inhaber: Florian Gr.von **Hartopp**
V4) 1706 (discinto nel 1725) Inhaber: Raimondo Cm.de **Sarrablanca**
V5) 1706 (disciolto nel 1725) Inhaber: Juan Luis Cm. **D'Avila;** dal 1717 Don Pedro de **Vilalta;** dal 1718 Don
Francisco Gutierrez Mar. de **Los Rios**
V6) 1708 (disciolto nel 1725) Inhaber: Jean Gr. von **Bruay;** dal 1712 Peter Frh.von **Liedermanns**
V7) 1711 (disciolto nel 1725) Inhaber: Francoise Gr.von **Maldeghein**
V8) 1714 (disciolto nel 1718) Inhaber: Jacques Cav. **De Venise**

Uniforme - per tutti i reggimenti - 1710 ca. *Gemeiner*

Gallone Tri.	*Rock*	Paramani	Fodera	*Kamisol*	Brache	Calze	Cravatta	Bottoni
Bianco.	Verde	Ciliegia	Ciliegia	Ciliegia	Ciliegia	Bianco	Bianco	Ottone

Storia reggimentale:
Sebbene nel 1706 fosse già iniziata la formazione di questi reggimenti, fino al 1708 non figurano in nessun
stato di forza o rassegna. Nell'ordine di battaglia redatto dallo stato maggiore anglo-olandese, all'inizio della
campagna del 1708, vengono contati 5 battaglioni *valloni-spagnoli*, accampati nei pressi di Namur. Nel 1712
sette reggimenti sono di presidio nelle Fiandre e la loro forza ascenderebbe ancora ad un singolo battaglione
ciascuno. Di presidio nei Paesi Bassi austriaci fino alla data del loro scioglimento.

◄   **Granata manesca, inizio XVIII secolo,**
diametro 116 mm., di probabile origine austriaca,
realizzata in ferro dolce e ritrovata alla Verrua
durante il restauro della rocca.

Hand grenade find around the Verrua fortress .

REICHSARMÉE

P er determinare l'effettiva partecipazione delle unità alla formazione del contingente del circolo sono state considerate due discriminanti: 1) unità appartenenti a circoli nei quali era stato nominato un Reichs Direktorium e finanziata una cassa di guerra per il mantenimento del contingente, 2) la partecipazione delle unità alle operazioni sotto il comando di uno stato maggiore nominato dalla Dieta dell'Impero. Sono pertanto esclusi tutti quei corpi di truppe mantenuti e diretti autonomamente dai vari Principi dell'Impero, in particolare durante la guerra del Palatinato: dall'elettore di Baviera, a quello del Brandeburgo, dal langravio di Hessen Kassel, e durante la guerra di successione spagnola dall'elettore del Palatinato e dai principi precedentemente indicati, escluso naturalmente l'elettore di Baviera.

FRÄNKISCHER KREIS (Circolo di Franconia); Kreis Regimenter zu Fuss:

FI) 1681 (disciolto nel 1793) Inhaber:dal 1688 Georg Hartmann Frh. von **Erffa**

Uniforme nel 1703: *Gemeiner*

Gallone Tri.	*Rock*	Paramani	Fodera	*Kamisol*	Brache	Calze	Cravatta	Bottoni
Bianco.	Grigio	Scarlatto	Scarlatto	Grigio	Grigio	Scarlatto	Bianco	Ottone

Storia reggimentale:
Reclutato da Norimberga, Würzburg, Ansbach, Rothenburg, Bayreuth, Bamberg, Hohenlohe, Henneberg Schleusingen, Eichstaett, Schweinfurth, Windsheim e Weissenburg. In Ungheria dal 1683, poi sul Reno dal 1688. Dal 1701 è con l'armata del Reno; primo assedio di Landau (1701) e battaglia di Friedlingen (1702), dove perde 194 soldati e sottufficiali e otto ufficiali. Prima battaglia di Höchstädt (1703). Donauworth e assedi di Landau, Ingolstadt e Ulm (1704). Combattimento di Stollhofen (1707) e scontro di Rummersheim. Di presidio sul "postamento superiore" sul corso del Reno fino al 1714.

F2) 1682 (disciolto nel 1793) Inhaber:dal 1695 Johann Andreas von **Schnebelin** dal 1705: Johann Emmeram Emmerich von **Helmstaett**

Uniforme nel 1703: *Gemeiner*

Gallone Tri.	*Rock*	Paramani	Fodera	*Kamisol*	Brache	Calze	Cravatta	Bottoni
Bianco.	Grigio	Azzurro	Azzurro	Grigio	Grigio	Grigio	Bianco	Grigio

Storia reggimentale:
Formato con reclute di Würzburg, Bamberg, Norimberga, Bayreuth, Ansbach, Geyer, Rothenburg e dei territori dell'ordine Teutonico. In Ungheria, poi dal 1688 con l'armata del Reno. Combatte a Mainz e Bonn (1689), di presidio sul corso superiore del Reno fino al termine della guerra. Dal 1701 di presidio nelle fortezze della Schwarzwald; primo assedio di Landau. Forti perdite a Friedlingen (1702). Nel 1703 due battaglioni partecipano alla conquista di Neumarkt e agli scontri di Emhofen, mentre il resto del reggimento si trova in Baviera all'assedio di Rothenburg e poi nello scontro di Krottensee; combatte al completo alla prima Höchstädt. Scontro di Donauworth e assedi di Ingolstadt, Ulm e Landau (1704). Di presidio sull'alto corso del Reno fino al termine della guerra.

F3) 1691 (disciolto nel 1793) Inhaber: Adam Heinrich von **Schoenbeck**; dal 1701 Friedrich Epr. von Brandenburg-**Ansbach**-Bayreuth; dal 1703 Johann Friedrich Mohr von **Waldt;** dal 1704 Georg Philipp von **Boyenburg**

Uniforme nel 1703: *Gemeiner.* Note: per *Offizier* calze bianche e bottoni dorati.

Gallone Tri.	*Rock*	Paramani	Fodera	*Kamisol*	Brache	Calze	Cravatta	Bottoni
Bianco.	Grigio	Verde	Verde	Grigio	Verde	Grigio	Bianco	Grigio

Storia reggimentale:

Formato dagli stati di **Würzburg**, Norimberga, Löwenstein-Wertheim, Castell, Erbach, Schwarzenberg, Hennenberg-Schleusingen, Hennenberg-Rohmild, Weissenburg, Limpurg e Rieneck.

Inviato ancora incompleto all'armata del duca Carlo di Lorena sul corso superiore del Reno. Nel 1701 è ancora sul Reno. Combatte a Friedlingen (1702), dove perde 100 uomini fra morti, feriti e prigionieri. Campagna nell'Alto Palatiato e in Baviera; scontri di Neumarkt, Emhofen e Hombach e prima battaglia di Höchstädt (1703).

Combatte a Donauworth, poi agli assedi di Ulm, Ingolstadt e Landau (1704). Si segnala nel combattimento sulla linea difensiva di Stollhofen (1707), quando un battaglione, guidato dal proprio comandante (Ob.von Seybothen), è in pratica l'unica unità della Reichsarmée ad opporsi con valore ai Francesi; dopo aver resistito per tutta la mattina agli assalti avversari ed essersi ritrovato isolato dal resto della fanteria alleata, riesce a ritirarsi in buon ordine, passando attraverso le linee francesi, scambiati con molta probabilità per una unità amica. Di presidio nei luoghi fortificati del 'postamento inferiore' del Reno fino al termine della guerra.

F4) (con il circolo dal 1702 al 1714) Inhaber: Friedrich Gr. von **Thost** dal 1707: Ob. von **Ilten**
Uniforme nel 1703: *Gemeiner.* Note: *Offizier* con sciarpa blu-argento.

Gallone Tri.	Rock	Paramani	Fodera	Kamisol	Brache	Calze	Cravatta	Bottoni
-	Grigio bianco	Scarlatto	Scarlatto	Grigio bianco	Grigio bianco	Grigio bianco	Giallo	Ottone

Storia reggimentale:
Reggimento del duca di Schwarzburg-Reuss, noleggiato dal circolo per completare il contingente dalla *Reichsmatricel*. E' presente alla prima battaglia di Höchstädt (1703) dove perde oltre cento uomini fra morti e feriti. Combatte a Donauworth, e agli assedi di Ingolstadt e Ulm (1704); resta di presidio sul Reno fine alla conclusione della guerra.

Kreis-Bataillon:
FI) 1693 (disciolto nel 1701) Inhaber: Johann von **Fechenbach**
Uniforme nel 1701: *Gemeiner*

Gallone Tri.	Rock	Paramani	Fodera	Kamisol	Brache	Calze	Cravatta	Bottoni
N.d.	Grigio perla	Blu	Blu	N.d.	N.d.	Grigio perla	N.d.	Stagno

Storia reggimentale:
Battaglione di nove compagnie reclutato dal vescovo di Würzburg. Operazioni di Mainz (1696).
FII) 1703 (disciolto nel 1714) Inhaber: Hermann F. Gr.von **Hohenzollern**

Uniforme nel 1703: *Gemeiner*

Gallone Tri.	*Rock*	Paramani	Fodera	*Kamisol*	Brache	Calze	Cravatta	Bottoni
Bianco	Bianco	Bianco	Bianco	Bianco	Bianco	Bianco	Bianco	Bianco

FIII) 1703 (disciolto nel 1708) Inhaber: Leberecht **Jahnus** von Elberstadt; dal 1707 Paulus **Tucher** von Simmelsdorf.

Uniforme nel 1703: *Gemeiner*

Gallone Tri.	*Rock*	Paramani	Fodera	*Kamisol*	Brache	Calze	Cravatta	Bottoni
Bianco	Grigio bianco	Grigio bianco	Grigio bianco	Grigio bianco	Grigio bianco	Grigio bianco	Bianco	Stagno

FIV) 1703 (disciolto nel 1714) Inhaber: Johann Adelph von **Jaxtheim**

Uniforme nel 1703: *Gemeiner*

Gallone Tri.	*Rock*	Paramani	Fodera	*Kamisol*	Brache	Calze	Cravatta	Bottoni
N.d.	Grigio bianco	N.d.	N.d.	N.d.	N.d.	N.d.	N.d.	N.d.

FV) (con la Reichsarmée dal 1704 al 1709) Inhaber: Franz Anton von **Dalberg**

Uniforme nel 1704: *Gemeiner*

Gallone Tri.	*Rock*	Paramani	Fodera	*Kamisol*	Brache	Calze	Cravatta	Bottoni
Bianco	Grigio bianco	Grigio bianco	Grigio bianco	Grigio bianco	Grigio bianco	Scarlatto	Bianco	Stagno

Cenni storici:

Battaglioni 'Supernumerari' formati come rinforzo per l'armata dell'Impero. Assegnati ai presidi sul Reno e sul confine bavarese. Hohenzollern Jahnus e Jaxtheim partecipano all'assedio di Rothenburg in Baviera e agli scontri di Krottensee e di Schwenningen (1703). Nel maggio del 1707 sono coinvolti nei combattimenti che seguono allo sfondamento delle linee di Stollhofen. In queste azioni viene catturato il FML Janhus von Elberstett, assieme a duecento soldati della sua unità. Nel 1708 il battaglione Tucher confluisce nello Hohenzöllern. Nel 1713 Hohenzollern e Jaxtheim partecipano agli scontri lungo il 'postamento inferiore' prima dell'assedio di Freiburg.

▶ **Battaglia di Peterwardein, 5 agosto 1716,** nella quale si vede la forte posizione difensiva ottomana, travolta dal possente assalto della fanteria imperiale agli ordini del Principe Eugenio.
Battle of Peterwardein of August 5, 1716. one of the most brilliant victory of Imperial army under the orders of Prince Eugene of Savoy.

◀ **Georg Harrucker,** l'abile e infaticabile organizzatore della Provianda imperiale, fu uno dei più importanti e fedeli collaboratori del Principe Eugenio di Savoia nei difficili anni delle campagne in Italia settentrionale.
Georg Harrucker, one of the most important and faithful collaborator of the Prince Eugene of Savoy

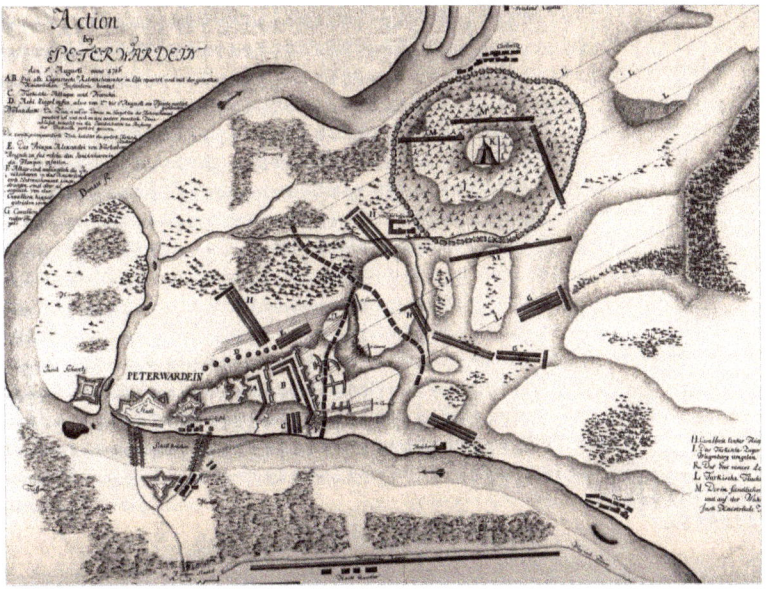

SCHWÄBISCHER KREIS (CIRCOLO DI SVEVIA); KREIS-REGIMENTER ZU FUSS:

Sw1) 1633 (disciolto nel 1801) Inhaber: Karl G. Mgr. von Baden-**Durlach**; dal 1703 Karl W. Epr. von Baden-**Durlach**; dal 1712 C. Pr. von Baden-**Durlach**

Uniforme nel 1684: *Gemeiner.*

Gallone Tri.	Rock	Paramani	Fodera	Kamisol	Brache	Calze	Cravatta	Bottoni
N.d	Grigio	Giallo	N.d	N.d	N.d	Giallo	N.d	N.d

1687: *Feldwebel, Spielleute* e *Fourierschützen*

Gallone Tri.	Rock	Paramani	Fodera	Kamisol	Brache	Calze	Cravatta	Bottoni
N.d	Scarlatto	Verde scuro	N.d	N.d	N.d	Giallo	Bianco	N.d

1706: *Gemeiner.* Sotto *Feldwebel.* Note: reggimento protestante, i granatieri portano la mitria.

Gallone Tri.	Rock	Paramani	Fodera	Kamisol	Brache	Calze	Cravatta	Bottoni
Bianco	grgio bianco	Arancio	Grigio bianco	Arancio	Pelle nat.	Arancio	Scarlatto	Ottone
Bianco	Carminio	Arancio	Arancio	Arancio	Pelle nat.	Carminio	Scarlatto	Ottone

Storia reggimentale:
Formato con reclute di Ulm, Schwäbisch Hall, Hohengeroldseck, Heilbronn, Wimpfen, Baden-Durlach, Offenburg, Dinkelsbuehl, Giengen, Bopfingen, Öttingen, Aalen, Esslingen e Nordlingen. Dal 1683 partecipa a tutte campagne contro gli ottomani. nel 1688 è inviato sul confine occidentale sul Reno, minacciato dall'invasione francese del Palatinato. Nel 1701 è assegnato all'amata del Reno; primo assedio di Landau (1702) e battaglia di Friedlingen, dove subisce la perdita di oltre 150 uomini. Scontri sulla linee di Stollhofen-Buhl e prima battaglia di Höchstädt. Una compagnia è di presidio a Kehl durante l'assedio del febbraio 1703. Assedi di Ulm, Ingolstadt, Landau (1704) e Hagenau (1705). Di presidio con gli altri reggimenti del circolo lungo la linea di Stollhofen. Rimane poi nella Schwarzwald fino al termine della guerra.

Sw2) 1683 (disciolto nel 1801) Inhaber: Notger Wilhelm Gr zu **Oettingen**; dal 1691 Rudolph Christoph von **Würz** von Rudenz; dal 1699 Prosper Lgr.von **Fürstenberg-Stuhlingen**; dal 1705 Nikolaus Friedrich Frh. von **Entzberg**

Uniforme nel 1684: *Gemeiner.*

Gallone Tri.	Rock	Paramani	Fodera	Kamisol	Brache	Calze	Cravatta	Bottoni
N.d	Blu scuro	N.d	N.d	N.d	N.d	N.d	N.d	N.d

Uniforme nel 1687: *Gemeiner*

Gallone Tri.	Rock	Paramani	Fodera	Kamisol	Brache	Calze	Cravatta	Bottoni
N.d	Blu scuro	Bianco	N.d	N.d	N.d	N.d	N.d	N.d

Uniforme nel 1706: *Gemeiner.*

Gallone Tri.	Rock	Paramani	Fodera	Kamisol	Brache	Calze	Cravatta	Bottoni
Bianco	Grigio bianco	Grigio bianco	Grigio bianco	Grigio bianco	Grigio bianco	Scarlatto	Bianco	Stagno

Feldwebel. Note: reggimento cattolico, *Grenadieren* con berrettone di pelliccia, borsa blu, nappa e gallone bianchi.

Gallone Tri.	Rock	Paramani	Fodera	Kamisol	Brache	Calze	Cravatta	Bottoni
Bianco	Grigio bianco	Blu	Grigio bianco	Blu	Pelle nat.	Grigio bianco	Scarlatto	Stagno

Storia reggimentale:
Formato con reclute da Augsburg, Kempien, Ochsenhausen, Konstanz, Gutenzell, Hohenems, Vaduz, Eglofs, Ravensburg, Buchorn, Rothenfels, Elchingen, Rot. Marchtal, Wettenhausen, Heggbach, Weingarten, Schüssenried, Ochsenhausen, Baindt, Irsee, Salmannsweiler, Ursberg e Lindau. Come il precedente rientra sul teatro di guerra renano nel 1688, dopo aver combattuto in Ungheria contro gli ottomani. Nel 1701 partecipa al primo assedio di Landau. Battaglia di Friedlingen (1702). Combatte a Stollhofen-Buhl e alla prima battaglia di Höchstätt (1703) dove perde oltre la metà degli ufficiali. Combatte poi a Donauworth e agli assedi di Ingolstadt, Ulm e Landau (1704). Nel maggio del 1707 è coinvolto negli scontri sulla linea di Stollhofen.

Sw3) 1691 (disciolto nel 1801) Inhaber: Karl Egon Lgr. von **Fürstenberg-Mösskirch** ; dal 1703 Anton Friedrich Frh. von **Roth**.

Uniforme nel 1706: *Gemeiner.* Note: *Grenadier* con berrettone di pelliccia, borsa blu scuro, nappa e gallone gialli.

Gallone Tri.	*Rock*	Paramani	Fodera	*Kamisol*	Brache	Calze	Cravatta	Bottoni
Bianco	Grigio bianco	Blu scuro	Blu scuro	Blu scuro	Pelle nat.	Blu scuro	Scarlatto	Ottone

Storia reggimentale:

Reggimento misto, cattolico e protestante, formato da Fugger, Heiligenberg, Ellwangen, Meamingen, Augsburg, Nordlingen, Überlingen, Herdenberg, Buchau, Altshausen, Aulendorf, Illereichen, Leutkirchen, Stühlingen, Peterhausen, Wiesensteig, Justingen, Bonnsdorf, Grafeneck, Wülfsegg, St.Ulrich, Dinkelsbühl, Schwarzenberg, Kaufbauren, Kempten, Zeil, Wurzbach, Leutkirch, Kinzigtal, Messkirch, Gundelfingen, Durmentingen, Scheer, Trauchburg e Isny. Sul Reno dal 1691. Nel 1701 è nuovamente sul teatro di guerra renano; combatte a Friedlingen (1702) dove subisce la perdita di oltre 120 uomini compreso il proprio Obrist-Inhaber. Combatte poi a Stollhofen-Buhl e alla prima Höchstädt (1703); nel 1704 è presente a Donauworth e agli assedi di Ulm, Ingolstadt e Landau. Nel 1705 partecipa alla conquista di Hagenau, resta poi di guarnigione nei luoghi fortificati sul Reno fino al termine della guerra.

Sw4) 1696 (disciolto nel 1731) Inhaber: Ludwig Wilhelm I Mgr. von Baden-**Baden**; dal 1707 Ludwig Wilhelm II Mgr. von Baden-**Baden**

Uniforme nel 1706: *Gemeiner.* Note: *Grenadier* con berrettone di pelliccia di lupo, borsa rosa, nappa e gallone bianchi

Gallone Tri.	*Rock*	Paramani	Fodera	*Kamisol*	Brache	Calze	Cravatta	Bottoni
Bianco	Grigio bianco	Rosa	Rosa	Rosa	Pelle nat.	Rosa	Scarlatto	Stagno

Storia reggimentale:

Reggimento cattolico, reclutato negli Stati di Baden-Baden, Augsburg, Rottweil, Öttingen-Wallerstein, Schwäbisch-Gmünd, Hechingen, Mindelheim, Pfullendorf, Memmingen, Sigmaringen, Montfort, Wangen, Biberach, Buchau, Rechberg, Aalen, Tannhausen, Ravensburg, Haigerloch, Gegenburg, Zell, Weissenau, Eberstein, Rottenmünster e Weil. Dal 1696 è ripartito fra armata campale e i presidi nella Schwarzwald. Nel 1701 é nuovamente con l'armata sull'alto corso del Reno. Primo assedio di Landau (1701); due battaglioni sono presenti a Friedlingen (1702). All' assedio di Kehl (1703) un distaccamento fa parte della guarnigione che si arrende ai Francesi. Campagna in Baviera, battaglia di Donauworth e assedi di Landau, Ulm e Ingolstadt (1704). Di presidio nei luoghi fortificati sul Reno fino al termine del conflitto.

Sw5) 1701 (disciolto nel 1796) Inhaber: Albrecht Eberhard Frh. von **Reischach**; dal 1712 Eberhard Ludwig Hzg.von **Württemberg**

Uniforme nel 1706: *Gemeiner.* Note: *Grenadier* con la mitria.

Gallone Tri.	*Rock*	Paramani	Fodera	*Kamisol*	Brache	Calze	Cravatta	Bottoni
Bianco	Grigio bianco	Giallo	Giallo	Giallo	Pelle nat.	Giallo	Scarlatto	Ottone

Storia reggimentale:

Reggimento protestante, formato con reclute del ducato di Württemberg e della città imperiale di Reutlingen. Nel 1701 è di presidio sulla Lauterbach e nei forti della Schwarzwald. Un battaglione combatte a Friedlingen (1702) dove subisce la perdita di oltre 160 fra ufficiali e soldati. Partecipa ai combattimenti sulla linea di Stollhofen-Buhl e alla prima battaglia di Höchstädt (1703).
Combatte poi a Donauworth e agli assedi di Ulm, Ingolstadt e Landau (1704). Nel 1707 è coinvolto nei fatti di Stollhofen. Rimane di presidio sul 'postamento inferiore' fino al termine del conflitto.

◄ Un bel disegno al tratto di un anonimo illustratore austriaco dei primi del '900, raffigurante un moschettiere imperiale verso il 1710: giustacorpo e calze grigio perla, paramani e veste azzurri, bottoni gialli, potrebbe trattarsi del reggimento Baden (n°8).

An Austrian musketeer around 1710. may be that this soldier are of Baden regiment (nr. 8).

OBERRHEINISCHER KREIS (Circolo Alto-renano) Kreis-Regimenter zu Fuss:

OR1) 1685 (disciolto nel 1689) Inhaber: Johann Ludwig Gr.von **Nassau**-Saarbrucken

Storia reggimentale:

Formato da quattro Komp. reclutate nella Hessen-Kassel, due nella Hessen Darmstadt e a Francoforte; una ciascuno da Hanau, Isenburg, Solms e Fulda; successivamente anche l'elettore del Palatinato invia due compagnie inizialmente destinate al contingente del circolo di Westfalia. In Ungheria dal 1686, partecipa alle campagne di guerra fino al 1689; assedio di Funfkirchen (Pecs) nel 1686 e alla battaglia di Mohacs (1687). A seguito dell'invasione del Palatinato nel 1688 rientra in Germania, dove viene disciolto.

OR2) 1688 (disciolto nel 1697) Inhaber: Ludwig Sittich von **Görtz**

Storia reggimentale:

Formato con compagnie di Kassel del Regg. Nassau (vedi OR1) e altre reclute provenienti dai due langraviati di Hessen. Sul medio corso del Reno dal 1689; poi di presidio a Koblenz fino al 1692. Partecipa allo scontro nei pressi di Heidelberg, mentre un distaccamento si trova alla difesa di Zwingenberg (1693). Nel 1695 raggiunge l'armata alleata nel Brabante; assedio di Namur. Combatte sulla Speyerbach (1696).

OR3) 1689 (disciolto nel 1697) Inhaber: Karl Ludwig Gr. von **Wittgenstein**

Storia reggimentale:

Come il precedente formato con compagnie del disciolto Regg. Nassau (OR1) e completato con reclute di Francoforte, Solms e del Palatinato. Difesa di Zwingenberg (1693). Nell'estate del 1695 è imbarcato via fiume alla volta di Namur, dove prende parte all'assedio. L'anno seguente è con l'armata del langravio di Hessen Kassel sul medio corso del Reno; partecipa allo scontro di Speyerbach e all'assedio di Ebernburg (1697).

OR4) 1696 (disciolto nel 1798) Inhaber: dal 1697 Carl Wilhelm Pr. von Hessen-**Darmstadt**; dal 1709 Franz Ernst Pr. von Hessen-**Darmstadt**

Uniforme nel 1705 ca.: *Gemeiner.*

Gallone Tri.	*Rock*	Paramani	Fodera	*Kamisol*	Brache	Calze	Cravatta	Bottoni
Bianco	Blu scuro	Bianco	Bianco	Bianco	Blu scuro	Azzurro	Scarlatto	Stagno

Note: al *Rock* patta del colletto con risvolto bianco a punta; *Grenadier* mitria con piastra frontale e base bianca, sulla piastra leone rampante fasciato di rosso e bianco; borsa blu scuro con nappa bianca. *Offizier* con sciarpa bianco-argento filettata di rosso e azzurro.

Storia reggimentale:
Reclutato dal langravio di Hessen Darmstadt e posto al comando di suo figlio (nel 1697 il principe Karl aveva quattro anni!). Mobilitato nel 1701 con il contingente del circolo di Westfalia, partecipa al primo assedio di Landau; la compagnia granatieri combatte a Friedlingen (1702). Alla difesa di Landau (1703) poi al secondo assedio di Landau (1704). Di nuovo alla difesa di Landau (1713); alla data di capitolazione della piazzaforte conta 489 feriti. Nel 1715 i superstiti rientrano dalla Franca Contea dove erano stati internati come prigionieri di guerra.

OR5) 1697 (disciolto nel 1799) Inhaber: Johann Burkhard von Buttler (**Oberrhein**); dal 1705 Franz Jacob von Saxen (**Oberrhein**); dal 1710 Anselm Franz Gr.von Schonborn (**Oberrhein**)
Uniforme nel 1705: *Gemeiner.*

Gallone Tri.	*Rock*	Paramani	Fodera	*Kamisol*	Brache	Calze	Cravatta	Bottoni
Bianco	Blu scuro	Scarlatto	Scarlatto	Blu scuro	Blu scuro	Blu scuro	Bianco	Ottone

Note: al Rock patta del colletto scarlatto con risvolto a punta. *Feldwebel* con gallone bianco ai paramani e al colletto; *Grenadier* con mitria; *Offizier* con sciarpa blu filettata di bianco-argento

Storia reggimentale:
Formato con reclute provenienti dal principato di Waldeck e dalle contee di Hanau, Solms, Isenburg e Wied. Con l'armata del Reno quando ormai sono iniziati i preliminari di pace a Ryswick. Nel 1701 è mobilitato con l'armata del Reno agli ordini del Margravio di Baden. Al primo assedio di Landau (1702) con due battalioni; poi al secondo assedio di Landau (1704), dove è presente un solo battaglione al comando diretto del proprio futuro Oberst Inhaber, il colonnello von Saxen di Waldeck. Per questo motivo l'unità è talvolta indicato erroneamente con il nome Sachsen e confuso con il reggimento palatino Sachsen-Meiningen. Di guarnigione a Landau e sul 'postamento mediano' del Reno. Nel 1713 è di guarnigione a Landau assediata dai Francesi; alla resa della città è inviato nel campo di prigionia a Besancon.

OR6) 1697 (disciolto nel 1788) Inhaber: Johann Ernst Gr. von Nassau-**Weilburg**
Uniforme nel 1705 ca.: *Gemeiner.* Note: al *Rock* patta del colletto bianca con risvolto a punta; *Grenadier* mitria con piastra frontale e base blu scuro, borsa e nappa bianchi, decorazioni giallo-oro, *Offizier* con sciarpa blu filettata di bianco-argento.

Gallone Tri.	*Rock*	Paramani	Fodera	*Kamisol*	Brache	Calze	Cravatta	Bottoni
Bianco	Blu scuro	Bianco	Bianco	Bianco	Bianco	Grigio	Bianco	Stagno

Il contingente di Francoforte, aggregato al medesimo regg., indossava un'uniforme diversa: *Gemeiner*

Gallone Tri.	*Rock*	Paramani	Fodera	*Kamisol*	Brache	Calze	Cravatta	Bottoni
Bianco	Blu scuro	Carminio	Carminio	Carminio	Carminio	Grigio	Bianco	Ottone

Storia reggimentale:
Formato con sei compagnie reclutate nel ducato di Nassau e da quattro provenienti dalla città imperiale di Francoforte. Nel 1701 è assegnato all'armata del Margravio del Baden sul 'postamento mediano' del Reno. Primo assedio di Landau (1701) e Speyerbach (1703). Secondo assedio di Landau (1704). Rimane di presidio nella piazzaforte renana fino al 20 agosto 1713, giorno in cui la guarnigione capitola ai Francesi; subisce forti perdite durante l'assedio. I superstiti rimangono prigionieri a Besancon fino alla ratifica della pace di Baden.

OR7) (con la Reichsarmée dal 1697 al 1706) Inhaber: dal 1688: Johann Eberhard Frh. von der **Leyen**; dal 1700 Johann Philipp von **Schönborn**; dal 1703 Johann Eberhard Frh. von der **Leyen**

Uniforme nel 1703 ca.: *Gemeiner.* Note:al tricorno fiocco di lana rosso scarlatto, *Grenadier* con berrettone di pelliccia, borsa rosso scarlatto, gallone nappa bianchi. *Offizier* con sciarpa blu filettata di bianco-argento.

Gallone Tri.	*Rock*	Paramani	Fodera	*Kamisol*	Brache	Calze	Cravatta	Bottoni
Bianco	Grigio perla	Scarlatto	Scarlatto	Scarlatto	Scarlatto	Bianco	Bianco	Stagno

Storia reggimentale:
Contingente fornito dall'arcivescovo elettore di Mainz. Dal 1701 è assegnato all'armata del Margravio del Baden. Due battaglioni sono all'assedio di Landau (1701); con un terzo bat. combatte al completo a Speyerbach (1703). Di presidio sul medio corso del Reno e quindi a Mainz (vedi anche KRi). Nella primavera del 1706 viene riformato per completare i bat. Eltz e Harstall (vedi ORI e ORII).

KREIS-BATAILLON:

ORi) (con la Reichsarmèe dal 1705 al 1714) Inhaber: von **Eltz**

Cenni storici:

Battaglione proveniente da Mainz e inviato dall'arcivescovo in sostituzione dei battaglioni smobilitati del reggimento Leyen (vedi OR7); nei documenti relativi all'armata dell'Impero viene talvolta considerata come appartenente al circolo renano-elettorale. Di presidio a Mainz, Philippsburg e Koblenz fino al 1714.

ORii) (con la Reichsarmée dal 1707 al 1714) Inhaber: von **Harstall**

Cenni storici:

Secondo battaglione proveniente da Mainz in sostituzione del reggimento Leyen. Di presidio a Mainz e Philippsburg fino al 1714.

WESTPHÄLISCHER KREIS (CIRCOLO DI WESTFALIA); KREIS-REGIMENTER ZU FUSS:

W1) (con la Reichsarmée dal 1701 al 1714) Inhaber: dal 1701 Johann Georg von **Uffling**; dal 1704 Friedrich Karl Gr.von **Simmern**; dal 1713 Matthyas L. von **Nagel**

Uniforme nel 1702: *Gemeiner*

Gallone Tri.	Rock	Paramani	Fodera	Kamisol	Brache	Calze	Cravatta	Bottoni
Giallo	Grigio	Giallo	Giallo	Giallo	Grigio	Bianco	Bianco	Ottone

Storia reggimentale:

Contingente del principe-vescovo di Münster. Due battaglioni combattono a Speyerbach (1703), dove subiscono forti perdite. Secondo assedio di Landau (1704). Di presidio sul 'postamento mediano' del Reno fino al 1713; un Bat. partecipa alla difesa di Landau durante l'investimento francese.

W2) (con la Reichsarmée dal 1702 al 1704) Inhaber: Leopold von Weitolshausen Gr. von **Schrautenbach**

Uniforme nel 1703: *Gemeiner*. Note: *Offizier* con sciarpa bianco-argento filettata di blu e rosso.

Gallone Tri.	Rock	Paramani	Fodera	Kamisol	Brache	Calze	Cravatta	Bottoni
Bianco	Blu scuro	Scarlatto	Scarlatto	Scarlatto	Blu scuro	Bianco	Bianco	Peltro

Storia reggimentale:

Reggimento del langravio di Hessen-Darmstadt, noleggiate all'Imperatore come contingente di fanteria per il circolo di Westfalia. Con un organico di sette compagnie partecipa al primo assedio di Landau, alla battaglia di Friedlingen (1702) e dello Speyerbach (1703).

W3) 1702 (disciolto nel 1714) Inhaber: Friedrich Frh. von **Van Der Welde** dal 1705: Karl Gr. von **Mengersen**

Uniforme nel 1702: *Gemeiner* sotto *Feldwebel*.

Gallone Tri.	Rock	Paramani	Fodera	Kamisol	Brache	Calze	Cravatta	Bottoni
Bianco	Blu scuro	Blu scuro	Blu scuro	Blu scuro	Blu scuro	Bianco	Scarlatto	Ottone
Bianco	Carminio	Blu scuro	Carminio	N.d.	N.d.	Bianco	Bianco	Ottone

Storia reggimentale:

Formato con quattro compagnie reclutate nel vescovato di Paderborn, tre nel vescovato di Osnabrück, due nella contea di Lippe, una a Dortmund e una a Bentheim e Pyrmont assieme. Dal 1702 è con l'armata dell'Impero sul medio corso del Reno. Occupazione dell'elettorato di Colonia. Di presidio a Colonia e Bonn fino al 1714.

W4) (con la Reichsarmée dal 1702 al 1704) Inhaber: Christoph A. von **Kanitz**

Uniforme nel 1702: *Gemeiner*. Note: al *Rock* asole dei bottoni scarlatto. *Grenadier Mütze* con placca anteriore e borsa bianchi, accessori e decorazioni rosso scarlatto. *Feldwebel*: come *Gemeiner* ma con calze blu di Prussia; *Offizier* come *Gemeiner* ma con calze grigio scuro e cravatta bianca; sciarpa bianco-argento con filettatura nera.

Gallone Tri.	Rock	Paramani	Fodera	Kamisol	Brache	Calze	Cravatta	Bottoni
Bianco	Blu Prussia	Scarlatto	Bianco	Scarlatto	Pelle nat.	Bianco	Scarlatto	Ottone

Storia reggimentale:

Regg. Dell'esercito del Brandeburgo - Prussia; fu l'unico contributo dell'Elettore Federico alla Reichsarmée come quota per il ducato di Kleve. Dal 1702 con l'armata del Reno. Höchstädt (1703); un Bat. partecipa al secondo assedio di Landau (1704).

W5) (con la Reichsarmée dal 1703 al 1712) Inhaber: Johann Wilhelm von Haxthausen zu Avenburg **(Paderborn)**

Uniforme nel 1705: *Gemeiner*

Gallone Tri.	*Rock*	Paramani	Fodera	*Kamisol*	Brache	Calze	Cravatta	Bottoni
Giallo	Blu scuro	Verde	Verde	Verde	Blu scuro	Bianco	Bianco blu	Ottone

Storia reggimentale:

Reggimento formato con reclute dell'Elettorato del Palatinato e del principe-vescovo di Münster e Paderborn quale continente dell'Elettore di Mannheim per i ducati di Jülich e Berg. Nel 1704 partecipa con un Bat. All'assedio di Landau. Rimane di presidio nei territori dell'elettorato di Colonia fine al 1712.

W6) (con la Reichsarmée dal 1712 al 1714) Inhaber: Ob Ferdinand Gr. von Efferen **(Neu Efferen)**

Uniforme nel 1705: *Gemeiner.*

Gallone Tri.	*Rock*	Paramani	Fodera	*Kamisol*	Brache	Calze	Cravatta	Bottoni
Bianco	Blu scuro	Scarlatto	Scarlatto	N.d.	N.d.	Scarlatto	Bianco	Stagno

Storia reggimentale:

Sostituisce il reggimento Paderborn (vedi W5), quale contingente dell'elettore palatino Johann Wilhelm. Di presidio a Colonia e Treviri fino al 1714.

KREIS-BATAILLON E ALTRI CONTINGENTI:

WI) 1702 (disciolto nel 1714) Inhaber: Franz C. von Rosenzweig **(Westerwald)**

Uniforme nel 1702: *Gemeiner.* Note: al *Rock* spalline a treccia bianche. A seguire *Gemeiner* 1708.

Gallone Tri.	*Rock*	Paramani	Fodera	*Kamisol*	Brache	Calze	Cravatta	Bottoni
Giallo	Blu scuro	Verde	Verde	Verde	Blu scuro	Verde	Bianco rosa	Ottone
Giallo	Grigio bianco	Verde	Verde	Verde	Grigio bianco	Verde	Bianco	Ottone

Cenni storici:

Unità originariamente prevista su una struttura di due battaglioni, reclutati dall'elettore del Palatinato e dal langravio di Hessen-Kassel, risulta poi formata dai solo contingente palatinale per la contea di Westerwald. Partecipa all'occupazione dei territori dell'elettore di Colonia. Nel 1704 una parte del Bat. partecipa al secondo assedio di Landau; resta poi di presidio a Bonn fino alla pace di Baden.

WII) (con la Reichsarmée dal 1702 al 1714) Designazione: Reichstadt **Koeln**

Cenni storici:

Contingente di 4 compagnie proveniente dalla città di Colonia. Di presidio nella città renana per tutta la durata della guerra di Successione Spagnola.

WIII) (con la Reichsarmée dal 1702 al 1714) Inhaber: Kpt Claynor **Reyffen**

Cenni storici:

Contingente di una compagnia formata con soldati di vari Regg. del Braunschweig-Lüneburg (Hannover) quale quota per il circolo di Westfalia. Di presidio a Colonia.

KUR-RHEINISCHER KREIS (CIRCOLO ELETTORALE-RENANO)

Kreis-Regimenter zu Fuss:

KR1) (con la Reichsarmée dal 1697 al 1714) Inhaber: von **Hiltschen**

Uniforme nel 1704 ca.: *Gemeiner.* Note: *Grenadier* con *Kamisol* scarlatto; Mütze rosso con borsa bianca. *Offizier* con sciarpa bianca filettata di rosso.

Gallone Tri.	*Rock*	Paramani	Fodera	*Kamisol*	Brache	Calze	Cravatta	Bottoni
Bianco	grgio bianco	Scarlatto	Scarlatto	N.d.	N.d.	N.d.	Nero	Stagno

▲ **Assedio di Belgrado.** Gli effetti dei furiosi bombardamenti fra assediati e assedianti durante l'assedio alla 'Porta dell'Ungheria' provocarono il maggior numero delle perdite sofferte in quella campagna; oltre a quasi 8.000 soldati morti e feriti, l'armata del Principe Eugenio lamentò anche la perdita dei generali Heister e Regal.

Another fine print of XVIII century about the siege of Belgrade in 1717.

Storia reggimentale:
Formato con otto compagnie reclutate dall'arcivescovo elettore di Treviri. Dal 1697 è di presidio a Koblenz. Nel 1702 la forza viene aumentata a dodici compagnie. Occupazione dell'elettorato di Colonia e assedio di Bonn (1702). Battaglia dello Speyerbach (1703), poi dal 1704 di guarnigione a Mainz.

KR2) (con la Reichsarmée dal 1695 al 1697) Inhaber: von **Esch**
Cenni storici:
Reggimento di nove compagnie dell'esercito dell'arcivescovo elettore di Trier. Di presidio a Koblenz fino alla pace di Ryswick (1697). Nel 1702 viene disciolto e confluisce nel reggimento Hiltschen (KR1).

KR3) (con la Reichsarmée dal 1702 al 1704) Inhaber: Johann L. von **Greder**
Uniforme nel 1707: *Gemeiner.* Note: al *Rock* spalline a treccia scarlatte. *Offizier* con sciarpa bianco-argento.

Gallone Tri.	*Rock*	Paramani	Fodera	*Kamisol*	Brache	Calze	Cravatta	Bottoni
Bianco	Blu scuro	Scarlatto	Scarlatto	Scarlatto	Blu scuro	Bianco	N.d.	Ottone

Storia reggimentale:
Reggimento della milizia proveniente dall'esercito del principe elettore del Palatinato Johann Wilhelm von Wittelsbach. Di presidio nei territori dell'elettore a Heidesheim e Oppenheim. Un battaglione combatte sulla Speyerbach (1703).

Kreis-Bataillon:
KRI) (con la Reichsarmée dal 1706 al 1714) Inhaber: Johann E. von der **Leyen**
Uniforme nel 1703.: *Gemeiner.* Note: al tricorno fiocco scarlatto; *Grenadier* con berrettone di pelliccia, borsa scarlatta con pistagna bianca; *Offizier* con sciarpa blu filettata di bianco-argento.

Gallone Tri.	*Rock*	Paramani	Fodera	*Kamisol*	Brache	Calze	Cravatta	Bottoni
Bianco	Grigio bianco	Scarlatto	Scarlatto	Scarlatto	Scarlatto	Bianco	Bianco	Stagno

Storia reggimentale:

Inviato precedentemente dall'arcivescovo elettore di Mainz al circolo dell'Alto-Reno, dall'estate del 1706 viene riformate su un organico di sole 5 compagnie moschettieri. Nonostante si trovi di guarnigione nella stessa Mainz, è sempre compreso nello stato di forza dell'armata dell'Impero fino al 1714.

BAYERISCHER KREIS (CIRCOLO BAVARESE); KREIS-REGIMENTER ZU FUSS:

B1) 1704 (con la Reichsarmée fino al 1713) Inhaber: Max Wolf Gr. von Uberacker (Salzburg)

Uniforme nel 1706 ca.: *Gemeiner*. Note: al Rock del *Gemeiner* pistagna gialla alle asole dei bottoni. *Offizier* con sciarpa gialla filettata di blu. A seguire *Offizier*.

Gallone Tri.	Rock	Paramani	Fodera	Kamisol	Brache	Calze	Cravatta	Bottoni
-	Bianco	Scarlatto	Scarlatto	Scarlatto	Scarlatto	Bianco	Nero	Ottone
Giallo	Scarlatto	Bianco	N.d.	Scarlatto	Scarlatto	Bianco	Bianco	Oro

Storia reggimentale:

Formato interamente con reclute provenienti dallo stato dell'arcivescovo di Salisburgo é assegnato all'armata del Reno; nel 1705 fa parte del corpo di presidio sul "postamento inferiore". Combatte a Rummersheim (1709) subendo molte perdite. Nel 1713 si trova di presidio a Freiburg; si segnala alla difesa della città.

B2) (con la Reichsarmée dal 1704 al 1705 e dal 1712 al 1714) Inhaber: Johann Haxthausen von der Raab

Uniforme nel 1705: *Gemeiner*

Gallone Tri.	Rock	Paramani	Fodera	Kamisol	Brache	Calze	Cravatta	Bottoni
Bianco	Blu scuro	Scarlatto	Scarlatto	Scarlatto	Blu scuro	Bianco	Bianco rosa	Rame

Storia reggimentale:

Mobilitato per l'armata del Reno una prima volta nel 1704, non raggiunge il teatro di operazioni che per prendere i quartieri invernali nel ducato di Neuburg, possedimento per il quale era stato inviato al circolo dall'elettore del Palatinato. Nella primavera del 1712 viene nuovamente inviato sul 'postamento superiore' del Reno.

Kreis-Bataillon:
BI) 1705 (con la Reichsarmée fino al 1713) Inhaber: Georg Kasimir Frh. von Gemmingen

Uniforme nel 1705.: *Gemeiner*. A seguire *Offizier*. Note: al *Rock* gallone e bottoniere giallo dorato, sciarpa gialla filettata di blu.

Gallone Tri.	Rock	Paramani	Fodera	Kamisol	Brache	Calze	Cravatta	Bottoni
Giallo	Bianco	Azzurro	Azzurro	Azzurro	Azzurro	Bianco	Bianco	Ottone
Giallo	Azzurro	Bianco	Azzurro	Azzurro	Azzurro	Bianco	Bianco	Oro

Cenni storici:

Formato con reclute provenienti dalle signorie di Hohen-Waldeck, Sulzbach, Leuchienberg, Ortenburg e Wolfstein; dalle abbazie e dalle prevosterie di Obermünster, St Emeran, Berchtesgaden, Niedermünster, dai vescovati di Passau, Freysing e dalla città e dal capitolo Regensburg. Sebbene risulti formato da sole cinque comp. nei documenti dell'epoca viene spesso denominato come Regiment; dall'anno del suo arrivo all'armata del Reno é posto di presidio a Freiburg: partecipa alla difesa della città durante l'assedio francese del 1713, distinguendosi per il buon comportamento.

NIEDERSÄCHSISCHER KREIS (CIRCOLO DELLA BASSA SASSONIA).
Kreis-Regimenter zu Fuss:

NS1) (con la Reichsarmée dal 1688 al 1690) Designazione: Hzg. Georg Whilelm Garde zu Fuss

Uniforme nel 1690 ca.: *Gemeiner*. Note:*Offizier* con sciarpa giallo paglierino.

Gallone Tri.	Rock	Paramani	Fodera	Kamisol	Brache	Calze	Cravatta	Bottoni
Giallo	Scarlatto	Nero	Scarlatto	Scarlatto	Scarlatto	Scarlatto	Bianco	Ottone

Storia reggimentale:

Unità della guardia del duca Georg Wilhelm di Braunschweig-Lüneburg-Celle. Di presidio a Koblenz, partecipa all'assedio di Mainz e alla riconquista di Bonn (1689).

NS2) (con la Reichsarmée dal 1688 al 1689) Inhaber: **Saint Pol** des Etangs

Uniforme nel 1699.: *Gemeiner.* Note:*Offizier* con sciarpa giallo paglierino.

Gallone Tri.	Rock	Paramani	Fodera	Kamisol	Brache	Calze	Cravatta	Bottoni
N.d.	Scarlatto	Verde chiaro	N.d	Scarlatto	Pelle nat.	Verde	Bianco	Stagno

Storia reggimentale:

Reggimento di 10 Komp. proveniente dal ducato di Braunschweig-Lüneburg Kalemberg (Hannover) quale contingente per il circolo. Di presidio a Koblenz fino al marzo del 1689.

NS3) (con la Reichsarmée dal 1688 al 1689) Inhaber: Pierre **Du Mont**

Uniforme nel 1700 ca.: *Gemeiner.* Note:*Offizier* con sciarpa giallo paglierino.

Gallone Tri.	Rock	Paramani	Fodera	Kamisol	Brache	Calze	Cravatta	Bottoni
Giallo	Scarlatto	Scarlatto	Scarlatto	Scarlatto	Scarlatto	Scarlatto	Bianco	Ottone

Storia reggimentale:

Reggimento di 10 Komp. del ducato luneburghese di Celle. Di presidio nell'elettorato di Mainz fino al marzo al 1689.

NS4) (con la Reichsarmée dal 1689 al 1692) Inhaber: von **Siegelberg**; dal 1689 Deveber (**Schotte de Weber**); dal 1691 Philipp Gr. von **Koenigsmark**

Uniforme nel 1690 ca.: *Gemeiner.* Note:*Offizier* con sciarpa giallo paglierino.

Gallone Tri.	Rock	Paramani	Fodera	Kamisol	Brache	Calze	Cravatta	Bottoni
Bianco	Scarlatto	Verde chiaro	Verde chiaro	Verde chiaro	Verde chiaro	Verde chi.	Bianco	Stagno

Storia reggimentale:

Reggimento del Braunschweig-Lüneburg Celle. Partecipa agli assedi di Mainz e Bonn (1689). Rimane alternativamente di presidio in una delle due città fino all'autunno del 1692.

NS5) (con la Reichsarmée dal 1689 al 1690 e dal 1707 al 1709) Inhaber: Leopold Gr. von **Sommerfeld** dal 1704: Balthasar von **Klinkowstroem**

Uniforme nel 1690 ca.: *Gemeiner.* Note:*Offizier* con sciarpa giallo paglierino.

Gallone Tri.	Rock	Paramani	Fodera	Kamisol	Brache	Calze	Cravatta	Bottoni
Bianco	Scarlatto	Verde scuro	Verde scuro	Verde scuro	pelle nat.	Verde sc.	Bianco	Stagno

Uniforme del 1703: *Gemeiner* .

Gallone Tri.	Rock	Paramani	Fodera	Kamisol	Brache	Calze	Cravatta	Bottoni
Bianco	Scarlatto	Verde scuro	Verde scuro	Verde scuro	pelle nat.	Verde sc.	Bianco	Stagno

Note: al *Rock* cordino a foraggiera bianco sulla spalla sinistra.

Storia reggimentale:

Reggimento del Braunschweig-Lüneburg-Celle, partecipa agli assedi di Mainz e Bonn (1689). Mobilitato per la guerra di Successione Spagnola come contingente dell'elettore di Hannover, raggiunge il teatro di guerra renano all'indomani dello sfondamento delle linee di Stollhofen (1707). Di presidio a Wittgenstein, poi nell'elettorato di Mainz.

NS6) (con la Reichsarmée dal 1689 al 1697 e nel 1706) Inhaber: Johann C. von **Kragen;** dal 1704 August Wilhelm **Erbprinz** von Braunschweig-Wolfenbüttel

Uniforme nel 1700 ca.: *Gemeiner.* Note: *Offizier* con sciarpa a bande giallo-bianche.

Gallone Tri.	Rock	Paramani	Fodera	Kamisol	Brache	Calze	Cravatta	Bottoni
Bianco	Indaco	Arancio	Arancio	Arancio	Pelle nat.	Arancio	Bianco	Stagno

Uniforme nel 1702: *Gemeiner*.

Gallone Tri.	*Rock*	Paramani	Fodera	*Kamisol*	Brache	Calze	Cravatta	Bottoni
Bianco	Indaco	Scarlatto	N.d.	Scarlatto	N.d.	Scarlatto	Bianco	Stagno

Storia reggimentale:
Reggimento del ducato di Braunschweig-Wolfenbüttel. Sul medio corso del Reno dalla primavera del 1689; assedio di Mainz e riconquista di Bonn. Difesa di Heilbronn (1693). Di presidio a Mainz dal 1694; scontri sulla Speyerbach e assalto al castello di Hardt. Nel 1706 è mobilitato per i presidi lungo il 'postamento mediano' del Reno in sostituzione del reggimento Bevern (vedi NS12).

NS7) (con la Reichsarmée nel 1689 e nel 1696) Inhaber: **La Motte**

Uniforme nel 1690: *Gemeiner*. Note:*Offizier* con sciarpa giallo paglierino.

Gallone Tri.	*Rock*	Paramani	Fodera	*Kamisol*	Brache	Calze	Cravatta	Bottoni
Bianco	Bianco	Blu	Blu	Blu	Blu	Blu	Bianco	Stagno

Uniforme nel 1700: *Gemeiner*

Gallone Tri.	*Rock*	Paramani	Fodera	*Kamisol*	Brache	Calze	Cravatta	Bottoni
Bianco	Scarlatto	Blu	Blu	Blu	Blu	Blu	Bianco	Stagno

Storia reggimentale:
Unita dell' esercito del Braunschweig-Lüneburg Celle, inizialmente mobilitata quale contingente per il ducato di Kalemberg (Hannover). Assedio di Mainz (1689).

NS8) (con la Reichsarmée nel 1689) Inhaber: von **Schmiedberg**
Storia reggimentale:
Reggimento di 7 compagnie del duca di Braunschweig-Wolfenbüttel. Di presidio a Koblenz.

NS9) (con la Reichsarmée nel 1689) Inhaber: Johann Christian Gr. von der **Lippe**
Storia reggimentale:
Come il precedente era stato mobilitato dal Braunschweig-Wolfenbüttel per i presidi sul medio corso del Reno. Strutturato su 7 Komp. doveva con molta probabilità trovarsi assai al di sotto dell'organico previsto, poiché assieme coi Regg. Kragen e Schmiedberg, (NS6 e NS8), totalizzava nell' ordine di battaglia una forza di soli due battaglioni.

► **Ancora una bella immagine della battaglia di Belgrado** che mostra in primo piano Eugenio di Savoia che "galoppa" sui corpi dei turchi sconfitti.

Another fine image of the battle of Belgrade , with Eugene of Savoy at horse in the centre .

NS10) (con la Reichsarmée dal 1695 al 1696) Inhaber: von **Podewillis;** dal 1696 von **Weyhe**

Uniforme nel 1695: *Gemeiner.* Note: Cravatta con nastro rosso al giro collo; *Offizier* con sciarpa giallo paglierino oppure rosso scarlatto.

Gallone Tri.	*Rock*	Paramani	Fodera	*Kamisol*	Brache	Calze	Cravatta	Bottoni
N.d.	Scarlatto	Azzurro	axxurro	Azzurro	Pelle nat.	Azzurro	Bianco	Stagno

Storia reggimentale:

Reggimento del duca Ernst August di Braunschweig-Lüneburg Kalemberg (Hannover). Di presidio nell'elettorato di Mainz, nei 1696 raggiunge i Paesi Bassi dove, assieme al resto del contingente di Celle, è aggregato all'armata anglo-olandese.

NS11) (con la Reichsarmée nel 1695) Inhaber: von **Bulow**

Storia reggimentale:

Reggimento con l'organico di un singolo battaglione proveniente dai ducato di Holstein-Gottorp e noleggiato dall'elettore di Hannover quale contingente per il circolo.

NS12) (con la Reichsarmée dal 1696 al 1697; poi dal 1703 al 1705 e dal 1707 al 1708) Designazione: **Leibregiment** zu Fuss **Anton Ulrich** Hz. von Braunschweig-Wolfenbüttel; dal 1704 August Pr. von Braunschweig-**Bevern**; dal 1704 Ferdinand Albrecht Pr. von Braunschweig-**Bevern**

Uniforme nel 1695 ca.: *Gemeiner. Offizier:* sciarpa a bande bianche e gialle.

Gallone Tri.	*Rock*	Paramani	Fodera	*Kamisol*	Brache	Calze	Cravatta	Bottoni
Bianco	Indaco	Giallo	Giallo	Giallo	Pelle nat.	Indaco	Bianco	Stagno

Storia reggimentale:

Reggimento del co-reggente duca di Wolfenbüttel; aggregato all'armata del Meno agli ordini del langravio di Hessen-Kassel: combatte a Speyerbach (1696). Nella guerra di successione spagnola viene nuovamente mobilitato per l'armata del Reno al comando del Margravio di Baden: di presidio in Svevia: combatte a Donauworth, dove perde il proprio comandante, e agli assedi di Ulm e Ingolstadt (1704). Nel giugno 1707 ,all'indomani dello sfondamento delle linee di Stollhofen, viene mobilitato e posto di presidio a Darmstadt e lungo il postamento mediano del Reno. Nei primi mesi del 1708 rientra in patria.

NS13) (con la Reichsarmée dal 1696 al 1697 e nel 1713) Designazione: **Leibregiment** zu Fuss **Rudolph August** Hz.von Braunschweig-Wolfenbüttel; dal 1704 **Leibregiment** zu Fuss **Anton Ulrich** Hz.von Braunschweig-Wolfenbüttel

Uniforme nel 1700 ca.: *Gemeiner.* Note: sulla coffa del copricapo una fascia azzurra; *Offizier* con sciarpa a bande bianche e gialle.

Gallone Tri.	*Rock*	Paramani	Fodera	*Kamisol*	Brache	Calze	Cravatta	Bottoni
Giallo	Grigio scuro	Azzurro	N.d.	Azzurro	Azzurro	Azzurro	Bianco	Ottone

Uniforme nel 1706 ca.: *Gemeiner.*

Gallone Tri.	*Rock*	Paramani	Fodera	*Kamisol*	Brache	Calze	Cravatta	Bottoni
Giallo	undaco	Bianco	N.d.	Bianco	N.d.	Indaco	Bianco	Ottone

Storia reggimentale:

Regg. del duca titolare del Braunschweig-Wolfenbüttel; assieme al precedente partecipa allo scontro sulla Speyerbach (1689); resta di presidio sul medio corso del Reno fino alla pace di Ryswick. Serve con l'armata d'Italia, dal 1704 al 1708, in base alla convenzione del marzo 1702, rientra in patria nei primi mesi del 1709; poi, nella primavera del 1713 viene nobilitato sul "postamento inferiore" del Reno: nei documenti di quella campagna il Regg. è indicato con il nome "Wolfenbüttel".

NS14) (con la Reichsarmée dal 1703 al 1704; poi dal 1708 al 1709 e nel 1713) Inhaber: Johann Georg von **Bernstorf**

Uniforme nel 1700 ca.: *Gemeiner.* Note: sulla coffa del copricapo fascia rosso carminio; *Offizier:* sciarpa a bande bianche e gialle.

Gallone Tri.	*Rock*	Paramani	Fodera	*Kamisol*	Brache	Calze	Cravatta	Bottoni
Giallo	Indaco	Carminio	N.d.	Carminio	pellenat.	Carminio	Bianco	Ottone

Uniforme nel 1706 ca.: *Gemeiner.*

Gallone Tri.	Rock	Paramani	Fodera	Kamisol	Brache	Calze	Cravatta	Bottoni
Giallo	Indaco	Carminio	N.d.	N.d.	N.d.	Indaco	Bianco	Ottone

Storia reggimentale:

Reggimento del Braunschweig-Wolfenbüttel noleggiato nei primi due anni di servizio dall'elettore di Hannover Georg Ludwig. Nel 1703 si trova di presidio in Svevia, combatte poi a Speyerbach. L'anno seguente partecipa all'assalto di Donauworth e agli assedi di Ulm e Ingolstadt. Rimane di guarnigione nel proprio stato fino al 1708, quando raggiunge i presidi nella Schwarzwald sul postamento superiore del Reno quale contingente del duca Anton Ulrich di Braunschweig-Wolfenbüttel. L'anno seguente si trova ancora di presidio nella Foresta Nera ma stavolta noleggiato dall'elettore di Hannover. Dopo essere rientrato di stanza a Braunschweig, nel 1713 viene mobilitato sul postamento mediano, stavolta come contingente del Wolfenbüttel.

NS15) (con la Reichsarmée dal 1705 al 1708, poi dal 1710 al 1713) Inhaber: Leopold von Weitolshausen Gr.von **Schrautenbach** Uniforme: **vedi W2**

Storia reggimentale:

Reggimento del langravio di Hessen-Darmstadt noleggiato dall'elettore di Hannover quale contingente per l'armata dell'Impero. Con un organico di 7compagnie è di guarnigione a Weissenburg, poi all'assedio di Hagenau (1705). Nel 1710 è di presidio sul 'postamento mediano' e a Philippsburg, dopo che nel 1709 non era stato mobilitato in seguito a contrasti economici sorti fra i due Principi.

▼ **Battaglia di Zenta:** Un incisione raffigurante i soldati dell''armata imperiale, mentre festeggiano la strepitosa vittoria ottenuta sugli ottomani l'11 settembre 1697. Le cronache e le memorie dei partecipanti a quella memorabile giornata, si soffermano tutte nel raccontare l'esultanza dei vincitori, i quali poterono finalmente sfogarsi delle frustrazioni accumulate nelle inconcludenti campagne dei due anni precedenti.

The Battle of Zenta or Battle of Senta, fought on 11 September 1697 was a major engagement in the Great Turkish War (1683–1699) and one of the most decisive defeats in Ottoman history.

NS16) (con la Reichsarmée dal 1708 al 1709) Inhaber: von **Hodemberg**
Uniforme nel 1707: *Gemeiner.* Note: *Offizier* con sciarpa giallo paglierino.

Gallone Tri.	*Rock*	Paramani	Fodera	*Kamisol*	Brache	Calze	Cravatta	Bottoni
Giallo	Scarlatto	Giallo	Giallo	Giallo	Giallo	Giallo	Bianco	Ottone

Storia reggimentale:
Mobilitato dall'elettore di Hannover nella primavera del 1708. Di presidio a Diesburg e nell'elettorato di Mainz.

NS17) (con la Reichsarmée nel 1713) Inhaber: Detlef Gr. von **Ranzow** (opp. Rantzau)
Storia reggimentale:
Reggimento di un battaglione inviato dall'Elettore di Hannover sul 'postamento mediano' del Reno.

OBERSÄCHSISCHER KREIS (Circolo dell'Alta Sassonia);
Kreis-regimenter zu Fuss:

OS1) (con la Reichsarmée dal 1704 al 1714) Inhaber: dal 1704 Georg von **Ruhnor**; dal 1706 von **Friesen**; dal 1708 von **Usslar**
Uniforme nel 1704: *Gemeiner.* Note: al tricorno coccarda bianco-rossa; *Offizier* (sotto) con sciarpa bianco-rossa.

Gallone Tri.	*Rock*	Paramani	Fodera	*Kamisol*	Brache	Calze	Cravatta	Bottoni
Giallo	Grigio bianco	Rosa	Rosa	Rosa	Pelle nat.	Grigio b.	Nero	Ottone
Oro	Bianco	Rosa	Rosa	Rosa	Rosa	Bianco	Bianco	Oro

Storia reggimentale:
Formato da reclute dei ducati di Sachsen-Weimar e Sachsen-Eisenach. Dal 1704 si trova sul "postamento mediano" del Reno. Nel 1705 fa parte della guarnigione di Philippsburg dove rimane fino al 1706. Resta coinvolto negli ultimi combattimenti che seguono allo sfondamento della linea di Stollhofen (1707). Nel 1713 é di presidio a Landau dove subisce forti perdite durante l'assedio francese. Nel 1715 rientra in patria dalla prigionia in Franca Contea.

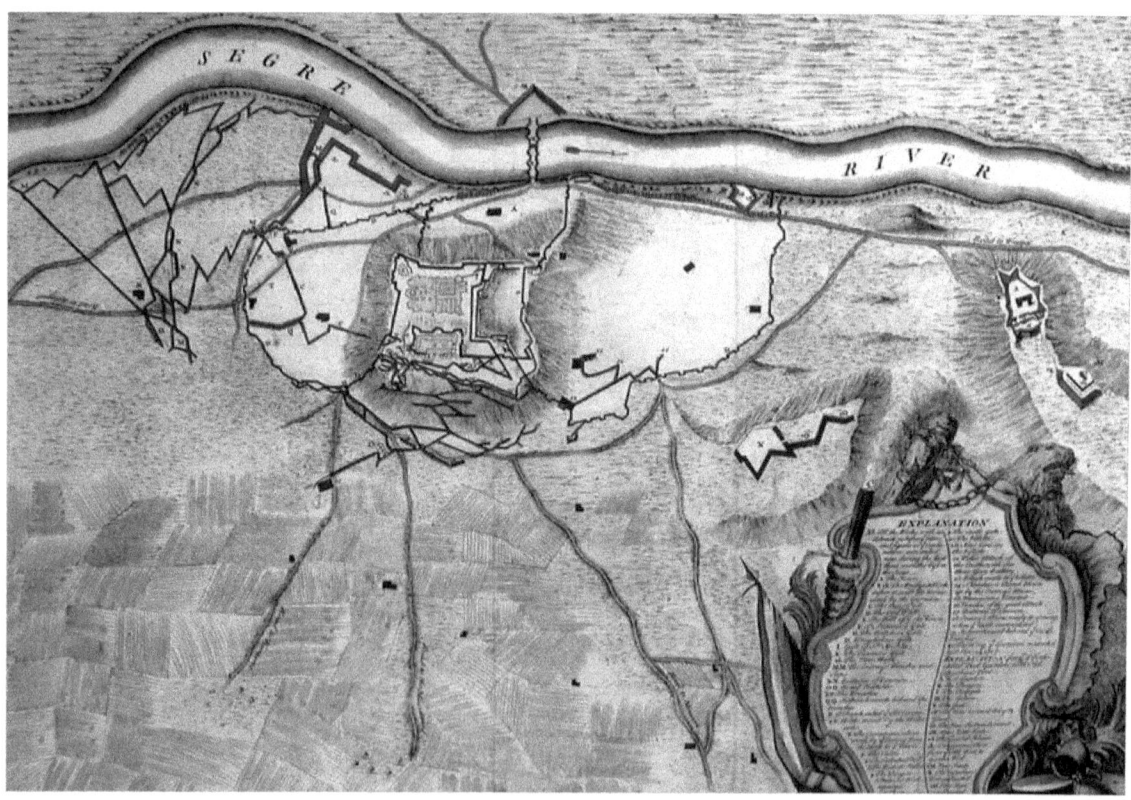

LE TAVOLE UNIFORMOLOGICHE

A) Musketier Pfeiffer, Reg.t zu Fuss Deutschmeister (31), ca.1701.

Fonti: R.Knötel, Die Gross Uniformenkunde. A.von Wrede: Geschichte der K.und K.Wehrmacht.
Rock blu scuro con risvolti delle maniche e calze azzurre; gallone e bottoni dorati: "nidi" blu scuro e giallo: Kamisol, Calzoni e nastrino del tricorno rosse carminio; astuccio del flauto in ottone; bandoliera rosso carminio con gallone giallo; cravatta bianca; buffetterie in cuoio di vitello naturale, fodero della spada in cuoio marrone scuro, guarnizioni e accessori delle buffetterie e della spada in ottone.

B) Musketier Hauptmann, Reg.t zu Fuss Deutschmeister (31), ca.1701.

A.von Wrede: Geschichte der K.und K.Wehrmacht.
Rock bianco, con risvolti alle maniche, Kamisol, e fodera blu indaco; calze scarlatto. Bottoniere bianche, bottoni e gallone ai risvolti e alle patte delle tasche giallo oro; calzoni bianchi; corazza di acciaio brunito con guarnizioni in velluto rosso e accessori dorati, croce listata in metallo al naturale; buffetterie in pelle di cervo al naturale; fodero della spada cuoio nero, accessori e guarnizioni dorate; nappa a frange della partigiana giallo oro: lama e puntale in acciaio naturale; tricorno con gallone giallo e piumette bianche, fiocchetto bianco e nero sciarpa di seta giallo oro con filettature nere.

► **Battaglia di Malplaquet.** Nello schieramento alleato, il corpo agli ordini del Principe Eugenio occupava l'ala sinistra ed era formato in massima parte dalle truppe degli Stati tedeschi.

The Battle of Malplaquet, fought on 11 September 1709, was one of the main battles of the War of the Spanish Succession, which opposed the Bourbons of France and Spain against an alliance whose major members were the Habsburg Monarchy, the United Kingdom of Great Britain and the United Provinces.

◄ **Assedio di Lerida.** Dopo la sconfitta anglo-portoghese di Almansa, la strategia degli Asburgo nella penisola si concentrò nel controllo della Catalogna. Ogni città fu trasformata in una piazza fortificata che ospitò una guarnigione di truppe locali, reclutate dai sostenitori spagnoli dell'arciduca Carlo. Collezione Cristini

The siege of Lerida in Cataluna. An Hapsburg fortified town,

C) Musketier Gemeiner, Reg.t zu Fuss Wallis (21), 1705.

Fonti: "Esercitum des loblichen General Graf Wallisschen Regiment zu Fuss; in: W.Nemetz: Der Zeitstil in der Tracht des Fussvolks unter Prinz Eugen.

Rock grigio perlato, con risvolti alle maniche grigio perla, Kamisol, e fodera blu; calze blu scuro; calzoni blu.Cravatta scarlatta. buffetterie in cuoio di vitello naturale; fodero della spada in cuoio marrone scuro/nero, guarnizioni e accessori ottone. Lo stemma sulla borsa in basso a destra è quello dell'Austria rosso-bianco-rosso con bordi e corona giallo dorati.

D) Musketier Gemeiner, Reg.t zu Fuss Thürheim (33), 1708.

Fonti: R.Knötel, Die Grosse Uniformenkunde.

Rock grigio perlato, con risvolti alle maniche carminio, Kamisol, e fodera grigio perlato; calze e calzoni grigio perlato;cravatta scarlatto e bottoni ottone. Buffetterie in cuoio di vitello naturale; fodero della spada in cuoio marrone scuro/nero, guarnizioni e accessori ottone.

E) Musketier Korporal, Reg.t zu Fuss Baden Durlach (52), ca.1717.

Rock, Kamisol e calzoni bianco; risvolti alle maniche e sul petto del Rock rosso carminio; bottoni ottone: ghette grigio bianche con bottoni metallo bianco; gallone di nastro argento al tricorno; cravatta nera; buffetterie in cuoio di vitello naturale; fodero della spada in cuoio marrone scuro, guarnizioni e accessori ottone. Bastone di caporale in legno naturale.

◄ Un bell'acquerello di Walter Tritt, raffigurante un *Obrist-Wachtmeister* del reggimento svizzero Bürkly, al servizio degli Asburgo dal 1691 al 1697. Nonostante le difficoltà economiche l'esercito di Casa d'Austria noleggiò truppe da altri stati fino al 1713.

A fine water drawing of Walter Tritt about an Obrist-Wachtmeister of the Swiss regiment Bürkly.

► Battaglia di Almenara. Nello scontro avvenuto il 27 luglio il Feld-Marschall Guidobald Stahrembreg ottenne il primo decisivo successo della campagna del 1710, anticipando di un mese la vittoria a Saragozza. Entrambi successi furono poi vanificati dalle sconfitte patite a Villaviciosa e Brihuega, dove – assecondando improvvidamente la strategia del generale britannico Stanhope - gli alleati si fecero sorprendere separatamente. Collezione Cristini

The Battle of Almenar took place on 27 July 1710 in the War of the Spanish Succession.

► Fantaccino di guardia da una incisione di R.O.R. von Ottenfeld

Infantry soldier on guard from a print of R.O.R. von Ottenfeld

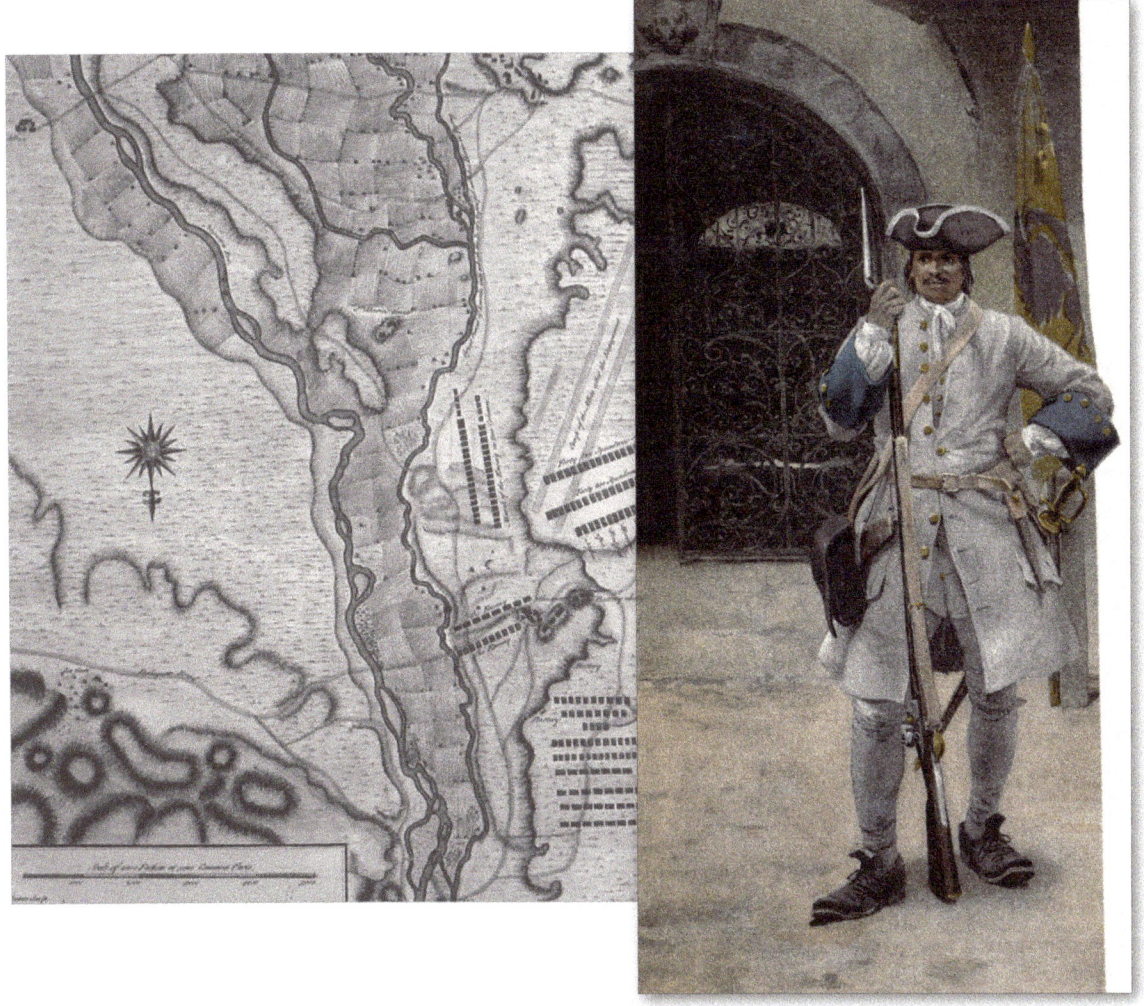

F1) Grenadier Gemeiner: reggimento Luccini (I1), 1714.

Fonti: Saggio di ricostruzione da un particolare da una veduta della Fortezza di Milano, ca. 1714. Biblioteca Ambrosiana, Milano.

Un granatiere appartenente al primo reggimento reclutato nello Stato di Milano, all'indomani dell'evacuazione dei presidi spagnoli nel 1707. L'unità fu poi disciolta nel 1725 ma segnò l'inizio della tradizione dei reggimenti italiani nell'esercito di Casa d'Austria.

F2) Obrist Wachtmeister di un reggimento di fanteria vallona, ca. 1710.

Fonti: Ricostruzione da un ritratto di un ufficiale sconosciuto, Dendermonde (Belgio), Collezione Privata

I reggimenti valloni avevano il giustacorpo verde e il resto rosso ciliegia; calze bianche; gallone al tricorno e bottoni dorati. Gli ufficiali avevano alla veste (Kamisol) un gallone dorato; asole/bottoniere del giustacorpo in filo dorato.

F3) Regiments-Tambour, Reg.t zu Fuss RegaI (23), ca. 1711.

Fonti: M.L .von Regal: Reglement uber ein Kaiserlichen **con** *Fonti: M.L .von Regal: Reglement über ein Kaiserlichen Regiment zu Fuss.*

Il capo musica de reggimenti di fanteria era iscritto ai rango degli ufficiali del "Klein Regiments-Stab". Il suo abbigliamento era probabilmente simile a quello degli altri ufficiali subalterni, arricchito con qualche dettaglio decorativo differente fra un reggimento e l'altro. Il Regiments Tambour descritto dal conte di Regal aveva come segno caratteristico una bandoliera da tamburo con al centro il blasone del proprietario. Rock blu di Prussia, con risvolti blu di Prussia, Kamisol blu di Prussia, e fodera blu di Prussia; calze bianche e calzoni pelle naturale;cravatta bianco, bottoni oro. Gallone di tessuto giallo-oro al tricorno.

G) Reggimenti di fanteria tedesca dell'esercito imperiale
Ricostruzione da E.Czegka, Uniformen der kaiserlichen Infanterie unter Prinz Eugen"; in Zeitschrift für Heereskunde, nr. 49-50-51 1933.
Le uniformi della fanteria tedesca dopo il 1717.

H) Reggimenti di fanteria tedesca, spagnola, vallone e italiana dell'esercito imperiale
Ricostruzione da E.Czegka, Uniformen der kaiserlichen Infanterie unter Prinz Eugen; in Zeitschrift fur Heereskunde, nr. 49-50-51 1933.
Le uniformi della fanteria tedesca, spagnola, italiana e vallona dopo il 1717.

◄ ▼ **A sinistra moschettiere 1710 ca.** da una cromolitografia ottocentesca di Franz Gerash.
Sotto granatieri di un reggimento tedesco. Stampa del XIX secolo.

At left an Austrian musketeer from a work of the painter Franz Gerash.
Below: grenadiers of a Deutsch regiment. Print of XIX cent.

► **Tamburo di fanteria da una incisione di R.O.R. von Ottenfeld.**

Infantry drummer from a print of R.O.R. von Ottenfeld

THE COLOUR PLATES

A) Musketier Pfeiffer, Reg.t zu Fuss Deutschmeister (31) about 1701.

Sources: R.Knötel, Die Gross Uniforfmenkunde. A.von Wrede: Geschichte der K.und K.Wehrmacht.

Dark blue Tunic with lapels of the sleeves and stockings blue; braid and gilded buttons: "nests" of a dark blue and yellow colour: Kamisol, Pants and ribbon of the tricorne redheads carmine; case box of the flute in brass; bandoleer red carmine with yellow braid; white tie; accoutrements in leather of natural calf, sheath of the sword in dark brown leather, gaskets and accessories of the accoutrements and the sword in brass.

B) Musketier Hauptmann, Reg.t zu Fuss Deutschmeister (31), about 1701.

A.von Wrede: Geschichte der K.und K.Wehrmacht.

White Tunic, with lapels to the sleeves, Kamisol and lining blue indigo; stockings scarlet. White buttons and braid to the lapels and the flaps of the pockets yellow gold; white pants; burnished steel shell with gaskets in red velvet and gilded accessories, cross edged in natural metal; ; accoutrements in natural buckskin; sheath of the sword in black leather, accessories and gilded gaskets; tassel to binges of the supporter yellow gold: blade and ferrule in natural steel; tricorno with yellow braid and white plume, tassel white and black scarf of silk yellow gold with black edgings.

C) Musketier Gemeiner, Reg.t zu Fuss Wallis; (21), 1705.

Sources: "Esercitum des loblichen General Graf Wallisschen Regiment zu Fuss; in: W.Nemetz: Der Zeitstil in der Tracht des Fussvolks unter Prinz Eugen.

Pearl grey Tunic, with lapels to the sleeves pearl grey, Kamisol and lining in blue; dark blue stockings; blue pants.

Scarlet tie. Accoutrements in natural calf leather; sheath of the sword in dark / black brown leather, gaskets and accessories in brass. The coat of arms on the purse in the lower right is that of the Austrian red-white-red with edges and crown gilded yellow.

D) Musketier Gemeiner, Reg.t zu Fuss Thürheim (33), 1708.

Sources: R.Knötel, Die Gross Uniformenkunde.

Pearl grey Tunic, with lapels to the sleeves carmine, Kamisol and lining pearl grey ; stockings and pants grey scarlet ;cravats and buttons brass. Accoutrements in natural calf leather; sheath of the sword in dark / black brown leather, gaskets and accessories brass.

E) Musketier Korporal, Reg.t zu Fuss Baden Durlach (52), about1717.

Tunic, Kamisol and pants white; lapels to the sleeves and on the breast of the Tunic red carmine; buttons brass: gaiters grey white with buttons white metal; braid of ribbon cable silver to the tricorno; black tie; accoutrements in natural calf leather; sheath of the sword in dark brown leather, gaskets and accessories brass. Lance-corporal's baton in natural wood.

F1) Grenadier Gemeiner: reggimento Luccini (I1), 1714.

Sources: Essay of reconstruction from a detail from a view of the Fortress in Milan, around 1714. Libreria Ambrosiana, Milan.

A belonging grenadier to the first regiment recruited in the State in Milan, after the evacuation of the Spanish garrisons in 1707. The drive was dissolved then in 1725 but it marked the beginning of the tradition of the Italian regiments in the army of House of Austria.

F2) Obrist Wachtmeister di un reggimento di fanteria vallona, ca. 1710.

Sources: Reconstruction from a portrait of an unknown officer, Dendermonde (Belgium), Private Collection

The regiments Walloons had the green tunic and all the rest red cherry; white stockings; braid to the tricorne and gilded buttons. The officers had on the Kamisol a gilded braid; buttonholes of the tunic in gilded thread.

F3) Regiments-Tambour, Reg.t zu Fuss Regal (23), about 1711.

Sources: M.L.von Regal: Reglement über ein Kaiserlichen Regiment zu Fuss.

The head music de regiments of infantry were enrolled to the ranking of the officers of the "Klein Regiments-Stab." Its attire was probably similar to that of the other junior officers, enriched with some different decorative details between one regiment and another. The Regiments Tambour described by the count of Regal had as I mark characteristic a drum bandoleer with the centre the lessee's coat of arms.Prussian Blue Tunic, with Prussian blue lapels, Prussian blue Kamisol and Prussian blue lining; white stockings and pants in white natural leather; cravats, buttons gold. Listing gold to the tricorne.

G) Regiments of German infantry of the imperial army

Reconstruction from E.Czegka, Uniformen der kaiserlichen Infanterie unter Prinz Eugen"; in Zeitschrift fur Heereskunde, nr. 49-50-51 1933.

The uniforms of the infantry after 1717. Regiments from the nr. 1 to the nr. 28 with some exceptions.

H) Regiments of German infantry, Spanish, vallone and Italian of the imperial army

Reconstruction from E.Czegka, Uniformen der kaiserlichen Infanterie unter Prinz Eugen; in Zeitschrift fur Heereskunde, nr. 49-50-51 1933.

The uniforms of the infantry after 1717. Regiments from 29 to the nr. 55 with some exceptions and some Spanish regiments, Italian and Walloons regiments.

▲ **Moschettiere e Obrist-Wachtmeister** del reggimento Deutschmeister. Incisione ottocentesca
Musketeer and Obrist-Wachtmeister of the Deutschmeister regiment XIX century print

◀ **Il famoso monumento equestre** che la città di Vienna ha dedicato al principe Eugenio di Savoia.
The famous equestrain monument of Eugene of savoy in Wien.

TITOLI PUBBLICATI - ALREADY PUBLISHING

WWW.SOLDIERSHOP.COM   WWW.BOOKMOON.COM